SOMMAIRE

LÉONARD DE VINCI
ART ET SCIENCE DE L'UNIVERS

Alessandro Vezzosi

traduit de l'italien par Françoise Lifran

DÉCOUVERTES GALLIMARD
ARTS

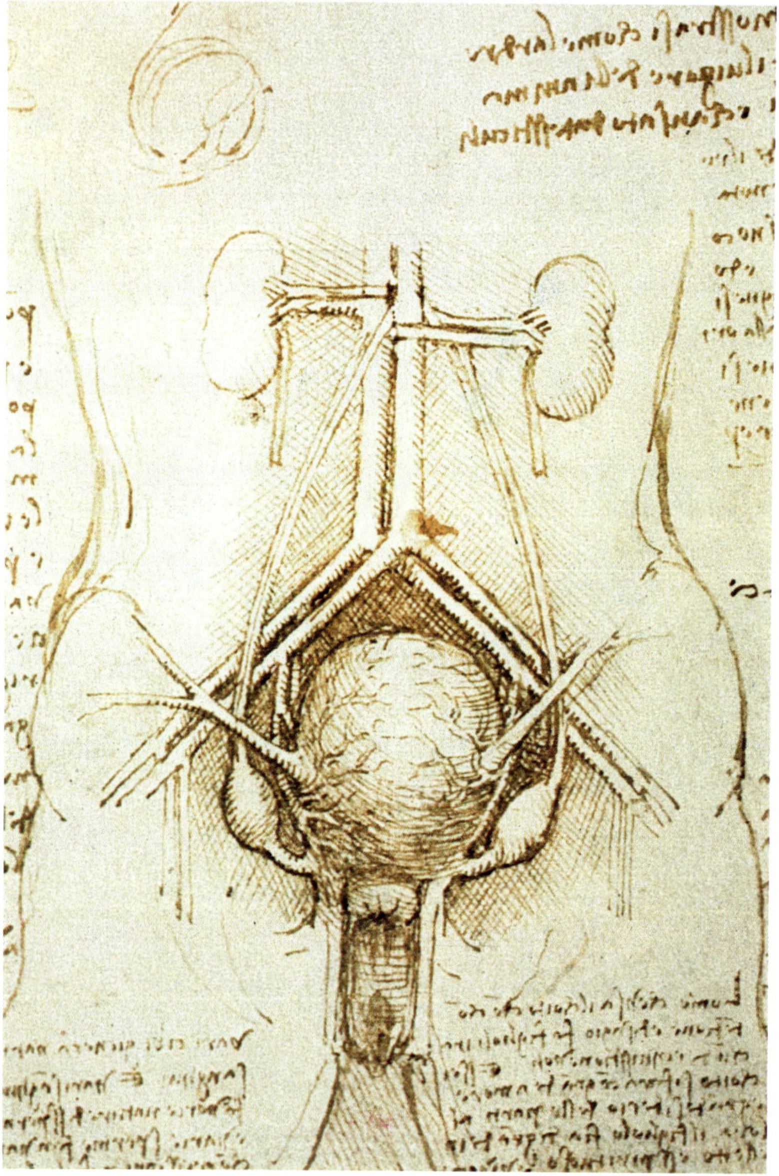

« Il m'est né un petit-fils, enfant de ser Piero mon fils, le 15 avril [1452], un samedi, à trois heures de la nuit. Il a été nommé Lionardo. Le prêtre Piero di Bartolomeo, de Vinci, l'a baptisé [en présence de] Papino di Nanni Banti, Meo di Tonino, Piero di Malvolto, Nanni di Venzo, Arigho di Giovanni Tedescho, monna Lisa di Domenicho di Brettone, monna Antonia di Giuliano, monna Niccholosa del Barna, monna Maria, fille de Nanni di Venzo, monna Pippa di Previchone. »

CHAPITRE 1

IL ÉTAIT UNE FOIS À VINCI

Assez méprisant envers ceux qui ne sont pas des « enfants de l'amour », Léonard note, pour accompagner ce dessin (à gauche) : « L'enfant engendré par la fastidieuse luxure de la femme et non par la volonté du mari sera médiocre, vil et d'un esprit grossier, l'homme qui accomplit le coït avec réticence et déplaisir fait des enfants irascibles et poltrons. » Ci-contre, un bas-relief romain provenant de la paroisse de Sant'Ansano où Léonard a passé son enfance.

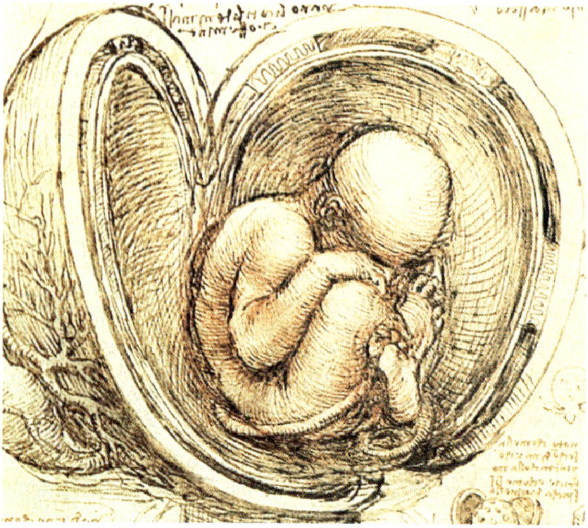

Sur cette planche, Léonard ne dessine pas seulement l'anatomie d'un fœtus en position dite « de siège », il ouvre la matrice comme un fruit mécanique, un « œuf cosmique », représentant la coque et le cordon ombilical qui s'enroule en une ligne serpentine. Mais il ajoute des cotylédons qu'il a observés sur un utérus de bovin.

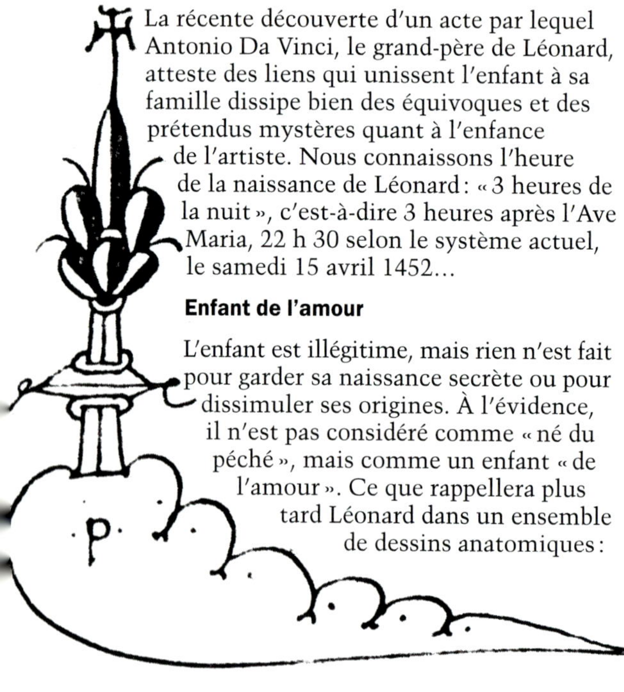

La récente découverte d'un acte par lequel Antonio Da Vinci, le grand-père de Léonard, atteste des liens qui unissent l'enfant à sa famille dissipe bien des équivoques et des prétendus mystères quant à l'enfance de l'artiste. Nous connaissons l'heure de la naissance de Léonard : « 3 heures de la nuit », c'est-à-dire 3 heures après l'Ave Maria, 22 h 30 selon le système actuel, le samedi 15 avril 1452...

Enfant de l'amour

L'enfant est illégitime, mais rien n'est fait pour garder sa naissance secrète ou pour dissimuler ses origines. À l'évidence, il n'est pas considéré comme « né du péché », mais comme un enfant « de l'amour ». Ce que rappellera plus tard Léonard dans un ensemble de dessins anatomiques :

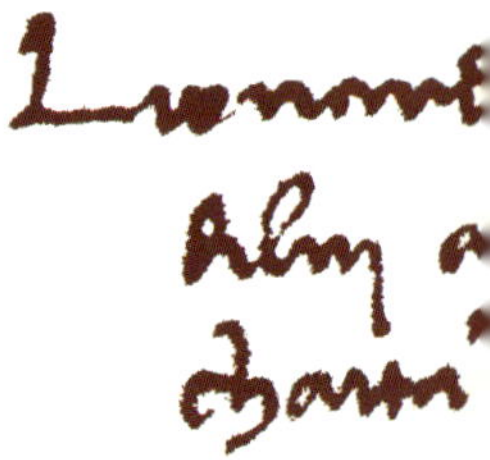

La marque notariale de ser Piero (à gauche), père de Léonard, est simple et élégante.

« Et si le coït se fait avec grand amour et grand désir l'un de l'autre, alors l'enfant sera de grande intelligence et plein d'esprit, de vivacité et de grâce. »

Deux pères, cinq mères et dix-huit frères

Dans la bourgade de Vinci, les voisins fêtent la naissance de Léonard et participent à la cérémonie du baptême. Fait extraordinaire, l'enfant a cinq marraines et cinq parrains, tous du village, parmi lesquels Arrigo di Giovanni Tedesco, le régisseur très estimé des Ridolfi, des nobles florentins grands propriétaires de maisons et de terrains à Vinci. Dès les premiers instants, l'enfant est volontiers accueilli dans la maison paternelle, face à la Loggia del Comune, il n'est en aucune façon mis en marge de la famille.

La mère de l'enfant s'appelle Caterina, mais le nom de sa famille reste incertain. Est-elle « di buon sangue », comme l'écrit le premier biographe de Léonard ? Est-elle la fille d'un bûcheron, un nommé Boscaiolo di Cerreto Guidi ? Elle fait à coup sûr partie des familiers de la maison du père de Léonard.

Le grand-père de Léonard, Antonio, n'a pas suivi la tradition de la famille Da Vinci (avec le « D » majuscule qui distingue le patronyme d'une simple mention du village d'origine). Il n'est pas notaire, bien que souvent il rédige des actes et même des contrats. Mais le document ci-dessous, où figure l'état civil complet de Léonard, est écrit en son nom par ser Piero, son fils.

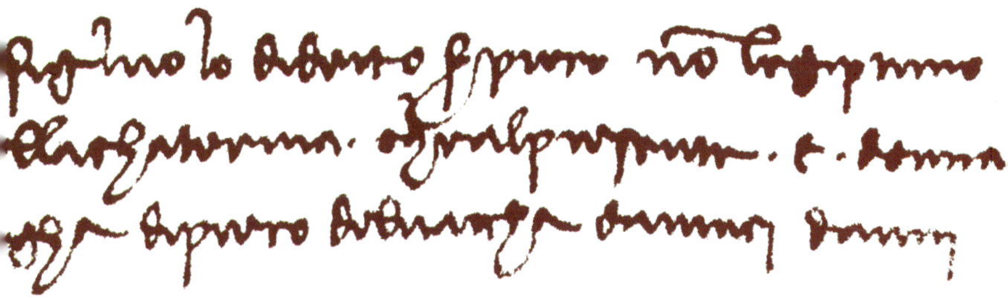

Quelques mois plus tard, elle se marie, non pas avec ser Piero, mais avec un de ses amis, Antonio di Piero Buti del Vacca da Vinci (avec un « d » minuscule). Il travaille au four de potier du couvent de Saint-Pierre-martyr, qui sera plus tard reconstruit et géré par le père de Léonard et son oncle Francesco. Antonio del Vacca porte un surnom éloquent : l'Accattabriga, le querelleur. Caterina ira habiter avec lui à Campo Zeppi, sur la paroisse voisine de San Pantaleo. Un peu plus d'un an après la naissance de Léonard, elle donne le jour à une fille, Piera, puis à quatre autres enfants.

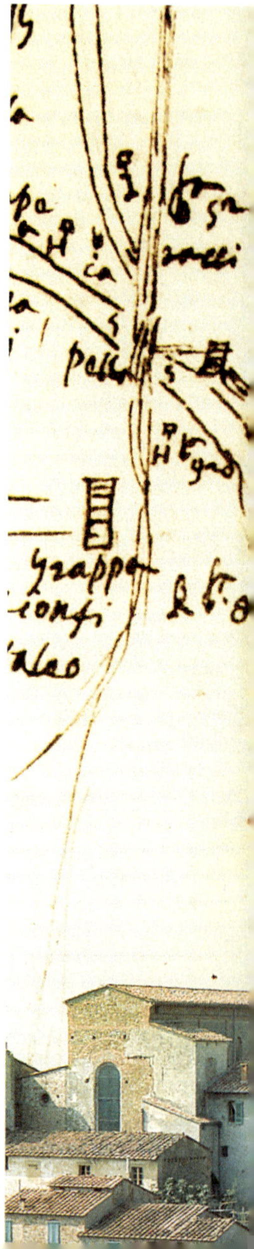

Le père de Léonard est ser Piero Fruosino di Antonio Da Vinci. Il a vingt-cinq ans et, depuis au moins quatre ans, il est notaire à Pise principalement, mais aussi à Florence. Quelques mois après la naissance de Léonard, il épouse une jeune fille de seize ans, Albiera degli Amadori – d'une riche famille florentine – qui mourra en couches à Florence en 1464. L'année suivante, ser Piero se remarie avec Francesca di ser Giuliano Lanfredini qui meurt en 1473 sans enfants. Le premier frère de Léonard du côté paternel, Antonio, naît en 1477; sa mère, Margherita di Francesco di Jacopo, âgée alors de dix-huit ans, aura cinq autres enfants.

Enfin ser Piero épouse en 1485 Lucrezia di Guglielmo Cortigiani, qui aura sept enfants. À cinquante-cinq ans, Léonard s'adressera encore à elle en l'appelant « chère et douce mère ».

Vinci : un nom, un emblème

Les documents d'archives montrent que Léonard, fils illégitime, est toujours appelé « di ser Piero Da Vinci », c'est-à-dire fils de Piero; c'est de cette façon qu'à vingt ans il sera inscrit comme peintre de profession sur le registre de la Compagnia di San Luca. Da Vinci ne signifie pas qu'il est natif de ce village : s'il était né à Florence, il se serait de la même manière appelé « Lionardo di ser Piero Da Vinci ». La famille des Da Vinci est connue dans cette ville depuis le XIIIe siècle. L'arrière-grand-père de Léonard, lui aussi appelé ser Piero (mais « di ser Guido », c'est-à-dire fils de Guido) Da Vinci, s'était distingué comme notaire, chancelier et ambassadeur de la République florentine.

Vinci est une commune rurale, un territoire qui fut étrusque puis romain, entre le Montalbano et la vallée de l'Arno, avec le château médiéval des comtes Guidi, l'église de Santa Croce, un hospice et quelques maisons. « Vinci est un château dont l'origine remonte à celle de ces géants qui, avec grand zèle

Sur le sceau médiéval de la commune de Vinci est figuré un château (page de gauche). Florence avait acquis au milieu du XIIIe siècle le *castrum Vinci.* Sa forme, fonctionnelle et symbolique, est celle d'une amande, comme un château de navire dont les mâts seraient les tours du pouvoir militaire et religieux. Cette carte du XVIe siècle donne le plan d'ensemble du village, dans lequel on reconnaît l'enceinte médiévale, le cours d'eau qui actionne les moulins, l'auberge *(ostaria)*, le puits *(pozo)* et la *Loggia del Comune* (la Municipalité).
En bas, sur une photo d'aujourd'hui, le château et sa tour et le campanile de l'église de Santa Croce.

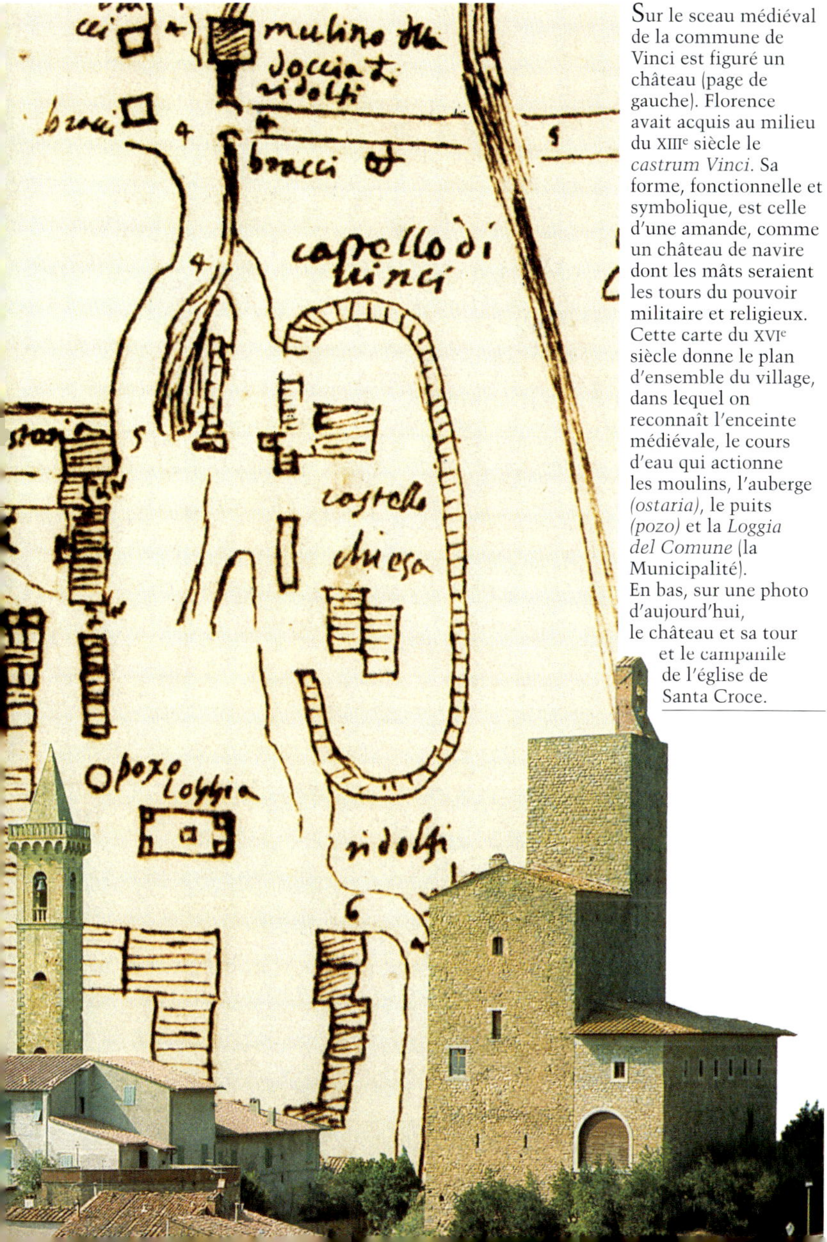

et arrogance s'armèrent contre le ciel qui pour finir les châtia et leur fit grande honte. » Cette phrase notée en appendice aux anciens statuts de la commune rappelle les fables de Léonard, petites allégories morales sur l'orgueil puni, où, avec des métaphores volontiers théâtrales, il mêle ses connaissances scientifiques à la sagesse populaire, par exemple l'évocation « météorologique » de l'eau de la mer qui veut s'élever au-dessus du ciel mais devra s'enfoncer sous la terre, emprisonnée pour une longue pénitence.

Les entrelacs de *vinchi*, de joncs, deviennent dans six gravures de Léonard des éléments décoratifs (ci-dessus) et l'emblème de son *Achademia*.

Le nom de Vinci provient des *vinchi*, ces joncs que l'on tresse dans les campagnes toscanes et qui poussent sur les bords d'un ruisseau, le Vincio. Ce nom qui évoque sa terre natale et son patronyme deviendra l'emblème de Léonard : il s'identifiera aux entrelacs de *vinchi*, qu'il représente dans ses codex et dans des œuvres comme *La Dame à l'hermine* et *La Joconde*.

Érudition et culture paysanne

Durant l'enfance de Léonard, l'expérience pratique prévaut sur la formation théorique : certes, il vit dans la famille d'un notaire, mais en contact direct avec la culture paysanne, dans un monde rural où l'on produit du vin, de l'huile, de la farine... Le grand-père Antonio possède des terres qu'il travaille en partie

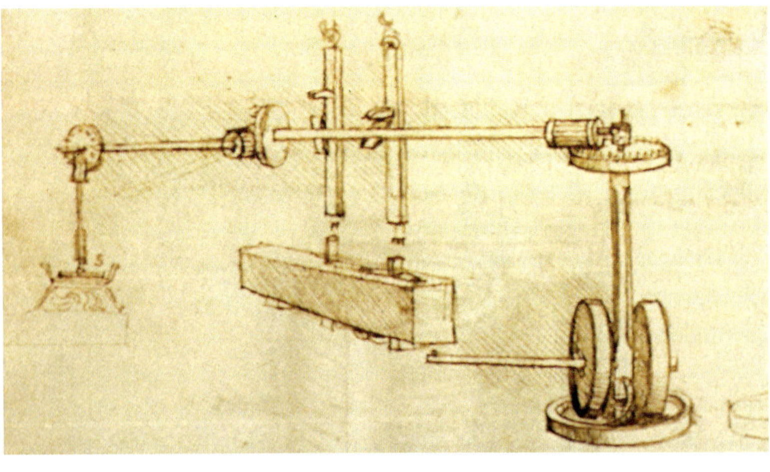

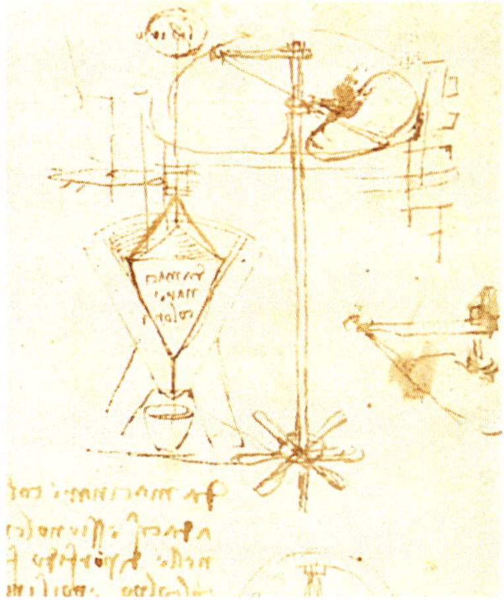

lui-même, son oncle préféré, Francesco, aura un moulin et son frère Giovanni deviendra « aubergiste et boucher ». Le futur artiste des systèmes mécaniques observe la terre que foulent ses pieds et les « infimes particules de la rosée » pour tenter de comprendre la nature de l'univers.

La « sinistra mano »

« Vinci avait coutume d'écrire avec la main gauche, à la manière des juifs... » Dès son plus jeune âge, Léonard écrit en effet spontanément en miroir : il se sert de la main gauche, commence ses lignes à droite comme dans les plus anciennes civilisations et comme le font encore les Arabes. Souvent, dans ses carnets, il remplit d'abord la page de droite, puis celle de gauche. Il n'y a là aucune intention de dissimulation, il n'a rien d'un « écrivain du diable », il s'agit simplement d'un défaut de perception assez fréquent, qui n'a pas été corrigé dans son jeune âge – une preuve de la liberté qui était laissée à l'enfant mais aussi des limites de son instruction littéraire : il reste un enfant illégitime et n'a pas accès à la carrière des lettres.

Léonard pratique aussi la calligraphie « normale », certes avec moins de facilité et surtout dans des cas particuliers qui exigent de la clarté, comme sur certaines cartes topographiques ou lorsqu'il relate la mort de son père. Et il dessine des deux mains. Cette aptitude, avec toutes ses implications sensorielles et perceptives, a-t-elle contribué à développer ses dons

Avec une intuition extraordinaire, Léonard dessine des « robots » concasseurs, (page de gauche, en bas), des bêches et alambics, des moulins à eau, des turbines, des charrues « pour aller droit sur une très longue distance » et « sans bœufs », des systèmes pour moudre les grains ou les couleurs du peintre (en haut). Il interrompt ses notes de géométrie par ces mots écrits en miroir (ci-dessus) : « Etc. parce que la soupe refroidit. »

visuels et graphiques et ses talents de dessinateur ? Pour les graphologues, elle correspond à un fort « désir de puissance ». Mais Léonard fait calligraphier par d'autres ses missives officielles et ses lettres de présentation.

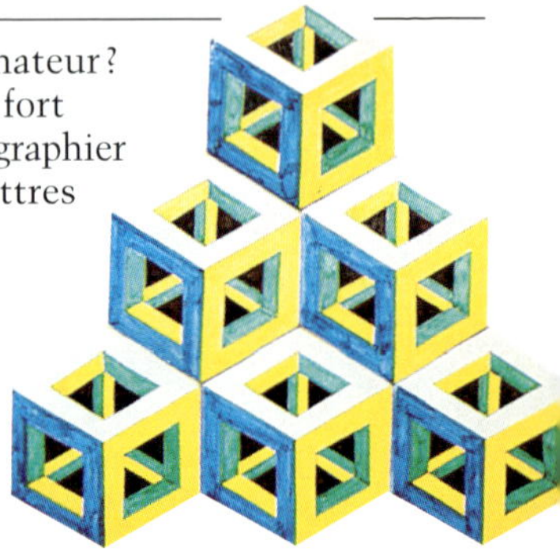

Des carreaux hexagonaux retrouvés dans les dépôts de l'Iparmüveszeti Muzeum de Budapest (ci-dessus une reconstitution), sont certainement une application de motifs géométriques à effet optique dessinés par Léonard (et conservés à Oxford).

Notaires et céramistes

La grand-mère, Lucia di ser Piero di Zoso, qui tient auprès de Léonard le rôle de mère, a peut-être eu une fonction déterminante dans les premiers contacts de l'enfant avec la pratique artistique. Elle vient d'une famille de notaires mais aussi de céramistes, propriétaire de maisons, de terrains et surtout d'un four où l'on cuisait toutes sortes de poteries, notamment des majoliques peintes, à Toia di Bacchereto, un des centres de production de céramique d'art les plus réputés et les plus actifs au XIVe et au XVe siècle, situé sur la commune de Carmignano, tout près de Vinci. De nombreux éléments attestent que Léonard connaissait l'art de la céramique, qu'il le pratiquait. Il est évident

qu'enfant il allait à Bacchereto où il fréquentait au moins le four familial dont ser Piero, son père, deviendra propriétaire. On a récemment retrouvé des sculptures en terre cuite, des majoliques à motifs d'entrelacs, ou encore des carreaux de céramique hexagonaux qui rappellent les dessins de Léonard.

Sur cette carte de 1503, Léonard a dessiné (et indiqué en écriture normale) les lieux de ses origines, Vinci, Sant'Ansano, Vitolini, Collegonzi, Pontorme, Montelupo… Une terre riche sur le plan artistique : à Vinci se trouvait une *Madeleine* (à gauche), à Pistoia *un Prophète* (ci-dessous) de Giovanni Pisano, deux œuvres qui préludent aux « mouvements de l'âme » de Léonard.

Au cœur de la Toscane, en pleine Renaissance

Contrairement à certaines idées reçues, Vinci n'est pas un village isolé, et moins encore primitif et perdu. D'Orbignano (où la famille de Léonard possédait déjà en 1451 une maison avec des terrains) à Sant'Ansano (la paroisse dont Vinci fait partie), les églises recèlent de nombreuses œuvres d'art de différentes époques. À Vinci même, dans l'église de Santa Croce, une *Madeleine* de 1455 atteste d'une connaissance évidente des sculptures de Donatello et des Bicci.

Au cœur de la Toscane, tout près de Florence, le village de Léonard entretient d'étroites relations religieuses, culturelles et commerciales avec la ville voisine de Pistoia, un des

L'influence de Donatello (à gauche) et des ateliers de Florence (Mino da Fiesole, ci-dessus) se fait sentir dans ces bas-reliefs de madone.

grands foyers artistiques de la région. Là, sur les bas-reliefs des frères Pisano, Léonard peut observer les physionomies, « *i moti dell'animo* », les mouvements de l'âme, les gestes des mains, et même les doigts qui indiquent… Ou encore découvrir dans les fresques de la chapelle du Tau les tourbillons du *Déluge*. C'est à Pistoia toujours, entre 1452 et 1469, que l'architecte Michelozzo, qui a déjà réalisé la Banque des Médicis à Milan, construit Santa Maria delle Grazie. Et c'est là également que vit Violante, la sœur de ser Piero, la tante de Léonard.

Plus proche encore, Empoli, au bord de l'Arno, est un carrefour entre Pise et la mer, la Valdelsa et Sienne. C'est aussi une cité en plein essor artistique dont témoignent les peintures de Starnina, d'Agnolo Gaddi, de Lorenzo Monaco et de Masolino, les sculptures de Tino da Camaino et Bernardo Rossellino, et encore la Vierge attribuée à Mino de Fiesole, qui peut être datée de 1465. Cette année-là, Léonard a treize ans et il est possible qu'il s'initie déjà à une pratique artistique.

Le début de l'art

Léonard est recensé comme résident au village de Vinci jusqu'en 1468. Il y habite le plus souvent, mais pas exclusivement : c'est surtout à Florence que ser Piero exerce sa profession pour le compte des familles les plus influentes, des Médicis aux Bentivoglio de Bologne, et rédige des actes concernant de prestigieuses œuvres d'art.

À partir de quand Léonard se consacre-t-il à l'art ? À partir de 1469 seulement, à Florence, quand il entre, comme le voudrait la tradition, dans l'atelier du Verrocchio ? Il est difficile de le croire : les apprentis entrent très jeunes dans les ateliers… Léonard, c'est évident, est un génie et il est précoce. En lui va se révéler un profond écart entre le temps de l'apprentissage artistique et celui des connaissances littéraires et scientifiques.

Sur le territoire de la commune de Vinci, qui comptait seize églises d'origine romane, Léonard enfant peut se familiariser avec les œuvres d'art des autres siècles et de son temps. Ce paysage idéalisé de la Valdinievole et du Padule di Fucecchio (vus du Montalbano) est le premier dessin certainement autographe de Léonard. Il porte la date du 5 août 1473, fête de sainte Marie des Neiges, célébrée dans plusieurs villages de la région.

Ser Piero « prit un jour quelques-uns des dessins [de Léonard] et les porta à son ami Andrea del Verrocchio [...]. Andrea fut émerveillé par des débuts si prometteurs ». C'est ainsi, écrit Vasari, que Léonard entra dans l'atelier de Verrocchio où, « loin de se limiter à la pratique d'un métier, il s'adonna à toutes les activités qui relèvent du dessin », bien que « sa vocation fût la peinture ».

CHAPITRE 2

DANS LA FLORENCE DES MÉDICIS

L'*Adoration des mages* (à gauche, un détail central) est l'œuvre qui exprime le mieux la recherche de Léonard pendant sa première période florentine. *L'Enfant au dauphin* (ci-contre), avec son merveilleux sourire et sa dynamique en spirale, est considéré comme un des chefs-d'œuvre de Verrocchio. Mû à l'origine par un mouvement hydraulique, il a été aussi attribué à Léonard.

Malgré des détails inexacts car destinés à nourrir le mythe de Léonard, le témoignage qu'apporte Giorgio Vasari dans *Les Vies des plus excellents peintres, sculpteurs et architectes* (1550 et 1568) reste crédible dans ses grandes lignes. Vasari écrit que Ser Piero aurait pu aider avec grand profit le jeune Léonard, qui « serait allé très loin dans le savoir et l'approfondissement de la culture », mais que ce dernier, « capricieux et instable » ne s'était guère appliqué à ces études et pas davantage à celles de calcul. Il préférait la musique mais surtout « il ne se lassait jamais de pratiquer la peinture et la sculpture », avant même sa rencontre avec Verrocchio. Tout cela confirme l'hypothèse selon laquelle Léonard avait déjà alors une certaine pratique des « arts du dessin ».

On a cru deviner l'intervention du jeune Léonard et même son portrait dans le *David* en bronze de Verrocchio (ci-dessous) comme dans d'autres figures semblables, à la grâce et à la beauté idéales. La petite prédelle de l'*Annonciation* (ci-dessous) longtemps considérée comme l'œuvre de Léonard, est attribuée aujourd'hui de préférence à Lorenzo di Credi.

Dans l'atelier du Verrocchio

Andrea del Verrocchio (probablement 1436-1488) est un artiste complet, « orfèvre, maître en la perspective, sculpteur, graveur, peintre et musicien », mais aussi maître d'œuvre et chef d'entreprise : il signe des contrats pour des commandes importantes qu'ensuite il réalise avec des collaborateurs ou simplement fait exécuter par ses élèves. Dans son atelier quasi légendaire travaillent, à la fin des années 1460 et dans les années 1470, Botticelli, le Pérugin, Domenico Ghirlandaio et Lorenzo di Credi et des artistes dits « mineurs » de la qualité, pourtant, d'un Cosimo Rosselli et d'un Francesco Botticini. Les artistes de l'atelier collaborent à la création d'œuvres dans lesquelles on décèlera l'intervention de Léonard, et qui parfois lui seront – partiellement ou entièrement – attribuées.

Le paiement est toujours demandé aux commanditaires au nom de Verrocchio. Ce fut le cas de la *Madonna di Piazza* de la cathédrale de Pistoia, peinte par

le maître entre 1475 et 1485 en collaboration avec Lorenzo di Credi et pour laquelle Léonard aurait fait des suggestions quant à la composition et peut-être peint quelques détails, comme il le fit pour la toujours discutée prédelle de *L'Annonciation* du Louvre. Léonard, qui n'a pas encore vingt ans, suscite tout autant que le Pérugin l'admiration d'un témoin d'exception : Giovanni Santi, le père de Raphaël, qui, dans sa *Cronaca Rimata*, célèbre le rôle de Verrocchio dans la formation de ses élèves.

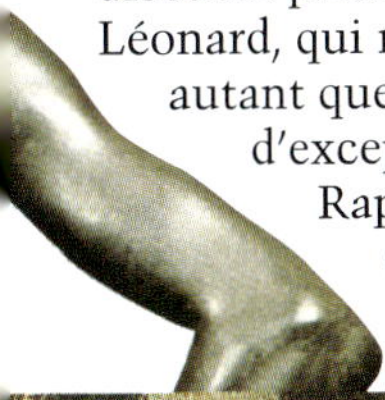

Sur ces deux Madones se pose la question de l'intervention de Léonard. La *Madone Dreyfus* (ci-dessus, à gauche), de facture inégale, dans laquelle le paysage et la figure de la Vierge sont remarquables, est-elle de Léonard ? Il existe à Dresde un dessin de son drapé attribué à Lorenzo di Credi, dont on ne sait s'il s'agit d'une étude préparatoire ou d'une reprise d'après le modèle. La *Madone à l'œillet* (à droite) a été rapprochée des œuvres de Verrocchio (vase de fleurs et coiffure) et de Lorenzo di Credi mais la finesse d'exécution, le drapé et les variations chromatiques du paysage confirment l'attribution à Léonard.

Dans le *Paysage* de 1473 (à gauche, un cadrage sur la partie gauche du dessin), les volumes et l'espace, les brumes et les ombres sont animés d'un fort dynamisme. Le trait représente mais aussi transcrit le processus mental d'une recherche artistique et « scientifique », poétique et cosmique, qui s'efforce de pénétrer dans le monde des phénomènes.

À Florence, Léonard se trouve au cœur d'un humanisme raffiné, d'un extraordinaire creuset où la tradition toscane s'enrichit de nouvelles relations avec les cultures du Nord et de l'Orient. Il y choisit ses références idéales parmi des peintres à l'expression intense, aux conceptions révolutionnaires comme Giotto et Masaccio.

Il est par contre très critique vis-à-vis de son ami Botticelli, particulièrement de ses paysages, conçus en termes de « brève et simple investigation », avec la superficialité de celui qui se contente de l'empreinte d'une éponge sur le mur : « Il fit de bien tristes paysages ! » Cependant, dans un passage mémorable de son *Traité de la peinture*, Léonard parle avec enthousiasme de l'observation des taches sur les murs, qui stimule son imagination, « parce que dans les choses indéfinies l'esprit s'éveille à de nouvelles inventions ». Mais à condition de savoir déjà « faire toutes les parties des choses que tu veux représenter » : déclaration apparemment d'une grande modernité, pleine d'audace, mais aussi rappel au primat du métier et à l'exercice de la *tèckne*.

1473 : le premier paysage

La première œuvre qui constitue un point de repère précis dans la production de jeunesse de Léonard est le *Paysage de Santa Maria della Neve*, un dessin qui porte l'indication autographe du jour où il fut réalisé : le 5 août 1473. Il a été qualifié de « premier vrai paysage de [l'histoire de] l'art ». En réalité, le Siennois Ambrogio Lorenzetti avait peint cent cinquante ans plus tôt deux paysages sur panneaux de bois et ce thème était par ailleurs couramment traité dans l'art d'Extrême-Orient. Mais c'est d'un autre registre qu'il s'agit dans cette vision de sa région natale, à laquelle Léonard fait référence comme à l'archétype le plus naturel et le plus instinctif, et dans laquelle il inclut la perspective d'un château – peut-être Larciano –, les effets visuels des marais de Fucecchio, la silhouette à l'horizon du cône « volcanique » de Monsummano… Le souvenir des barques semble s'échapper de sa plume, il ne s'intéresse pas à la description des formes et des caractères des arbres, il cherche plutôt à saisir l'essence des phénomènes perceptifs et conceptuels. Léonard exprime une sensibilité nouvelle vis-à-vis des valeurs de la lumière, qu'il fait vibrer par le jeu des hachures, donnant au paysage densité et transparence. En notant le jour exact et l'événement qu'il célèbre, Léonard suggère l'idée d'une chute de neige au

La conception de Léonard selon laquelle les éléments et la lumière sont les véritables protagonistes de l'œuvre révèle une grande originalité et une connaissance qui anticipent sur de nombreuses théories du *Traité de la peinture* élaboré plus de vingt-cinq ans plus tard. Ainsi, pour lui, l'air possède une épaisseur et une couleur, il n'est jamais tout à fait transparent. L'eau, « véhicule de la nature », crée de continuelles métamorphoses. *Le Paysage* de 1473 présente de fortes similitudes avec les détails d'une *Madone* attribuée au Pérugin, reproduits à gauche et ci-dessous.

mois d'août, d'un phénomène à la fois naturel et extraordinaire, synthèse des deux extrêmes du cycle atmosphérique.

À la recherche des travaux perdus

Léonard, si jeune soit-il, n'est pas seulement un peintre de métier. Ce *Paysage* montre qu'il introduit de grandes nouveautés dans la technique et dans la signification du dessin, dépassant son maître et ses très talentueux compagnons d'atelier, et s'élevant au-dessus de bien des facilités de l'art florentin.

Combien de dessins a-t-il réalisé avant d'atteindre une telle capacité de synthèse et une telle maîtrise ? De multiples expositions ont été consacrées à « Léonard perdu et retrouvé »... Des documents détaillés, des études préparatoires, des copies, des œuvres qu'il a inspirées sont tout ce que l'on connaît de nombre de ses tableaux dont les originaux ont disparu. Régulièrement d'intéressantes découvertes sont annoncées. Mais pourra-t-on jamais retrouver la trace du carton d'*Adam et Ève* qu'il dessina pour une tapisserie destinée au roi du Portugal ?

La sculpture réserve probablement encore de grandes surprises. En l'absence d'une œuvre de référence certaine, et donc de possibilité de procéder à des comparaisons stylistiques, les sources concernant le jeune Léonard sculpteur soulèvent encore bien des interrogations. Des condottieres aux madones et aux putti rieurs, auxquels ont été ajoutés parfois des chefs-d'œuvre de Verrocchio

Œuvre de Verrochio et de son atelier ? Œuvre de Léonard exécutée dans l'atelier de Verrochio ? Œuvre de Léonard datant de l'époque où il peint *La Cène* ? À propos de ce remarquable *Christ enfant* (ci-dessus), plusieurs hypothèses s'affrontent.

comme *La Dame au bouquet*, les œuvres demeurent difficiles à attribuer et à répertorier.

Un bestiaire fantastique

Parmi les évocations d'œuvres de jeunesse perdues, celle du *Dragon*, ce « petit monstre horrible, épouvantable, au souffle empoisonné qui enflammait l'air autour de lui », que Léonard peignit sur une rondache de bois de figuier pour répondre à la demande qu'un paysan de Vinci avait faite à son père, a une signification tout à fait particulière. L'anecdote emmène Léonard dans la dimension d'un art du merveilleux et de l'imaginaire : pour créer le « monstre », il combine des éléments divers d'un bestiaire selon des critères rationnels, « scientifiques ». Il étudie la manière de les présenter dans une atmosphère théâtrale, avec une certaine mise en condition psychologique et théorise ces recours à des artifices surréels.

Un bas-relief représentant Scipion (ci-dessous, à gauche) montre dans les détails de son armure des points communs avec un dessin de guerrier par Léonard (ci-dessous, à droite). Traditionnellement attribué à Verrocchio, à Della Robbia ou à Francesco di Simone, il est parfois mentionné comme œuvre de Léonard.

Les draperies « habitées »

L'étude du modèle, en particulier des drapés, est largement pratiquée dans les ateliers florentins de la Renaissance et prendra avec les maniéristes un essor extraordinaire. Léonard s'y applique avec une grande détermination et, très loin de l'exercice académique, en exalte toute la force d'abstraction et la puissance de « vérité » dans une série d'esquisses monochromes au pinceau sur une toile préparée en gris, dont la virtuosité faisait l'admiration de Vasari.

La quatrième partie du *Traité de la peinture* est intitulée « Des draperies qui revêtent les figures et de leurs plis ». On y note que « la draperie doit être arrangée de manière à ne pas sembler inhabitée ». L'écho de ces études parcourt les œuvres de la maturité, mais aussi déjà les peintures et dessins de jeunesse qu'il réalise dans l'atelier de Verrocchio où l'on confectionne également des moulages anatomiques. Dès cette époque, Léonard ne s'intéresse pas seulement à la peinture et aux autres pratiques artistiques, mais aussi aux expériences technologiques.

Les drapés monochromes de Léonard (ci-dessus) rappellent la sculpture de Verrocchio (à gauche, détail de *L'Incrédulité de saint Thomas*).

« [Léonard] étudiait beaucoup sur nature et il lui arrivait de fabriquer des modèles en terre glaise, sur lesquels il plaçait des étoffes mouillées, enduites de terres qu'il s'appliquait ensuite à peindre patiemment sur des toiles très fines ; il obtenait des effets merveilleux. »

Vasari

Peintre et ingénieur

Dans une note qu'il rédige à Rome, alors qu'il étudie le moyen de réaliser des soudures avec des miroirs paraboliques, Léonard se rappelle comment, quarante-cinq ans plus tôt, « avait été faite la soudure » de l'énorme sphère de cuivre sur la lanterne de la coupole de Santa Maria del Fiore, à Florence, commandée à Verrocchio en 1468 et installée les 27 et 28 mai 1472. Il avait fait alors de nombreux dessins des machines conçues par Brunelleschi pour le chantier de la cathédrale. Cette note renforce l'hypothèse selon laquelle Léonard connaissait déjà les systèmes les plus divers mis au point par Brunelleschi, tels ses machineries pour les décors de théâtre ou le « chariot qui vole sur l'eau » qu'il avait fait breveter et qui devait permettre le transport du marbre jusqu'à Florence par voie fluviale mais s'ensabla dans l'Arno près d'Empoli.

Léonard suit les derniers travaux de la coupole de Brunelleschi. Il est certain qu'il connaît l'œuvre de Brunelleschi et qu'il va être influencé par ses autres grands projets, notamment celui du détournement des fleuves pour inonder Lucques durant la guerre menée par les Florentins en 1428. Les deux images ci-dessous montrent les échafaudages de la lanterne à deux époques différentes : à gauche, vers 1471, au moment de sa première installation ; en bas, en 1601, lors d'une restauration après un coup de foudre.

Pour surélever le Baptistère de Florence

Le Dôme constitue le nouveau point de convergence géométrique de l'espace urbain et socio-politique de Florence et le Baptistère qui lui fait face est considéré comme un modèle de perfection. Brunelleschi, qui l'avait représenté sur un de ses plans en perspective, avait conçu son équivalent pour la Renaissance, l'église en rotonde de Santa Maria degli Angeli, inachevée, qui influencera Léonard. Vasari rappelle que, parmi les modèles et les dessins architecturaux de la jeunesse de Léonard – tous

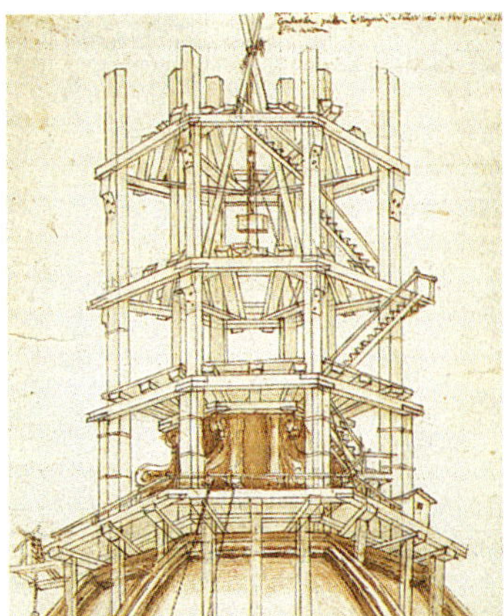

perdus – figurait un projet de surélévation du Baptistère sur une base polygonale, afin d'en dégager la perspective : « Il y en avait un où il soumettait à l'ingéniosité des citoyens qui gouvernaient alors Florence le moyen de surélever le baptistère Saint-Jean et de l'exhausser sur une plate-forme à degrés sans l'ébranler. Il était si convaincant que la chose semblait possible, même si, une fois rentré chez soi, chacun se rendait compte que l'entreprise n'était pas viable. »

La force de persuasion charismatique attribuée à Léonard est incontestable, mais ses « raisons » s'expriment surtout par la puissance visuelle du dessin. Déjà, en 1455 à Bologne, Aristotele Fioravanti avait démontré, en déplaçant de treize mètres le campanile de Santa Maria del Tempio, que de telles entreprises n'étaient pas irréalisables.

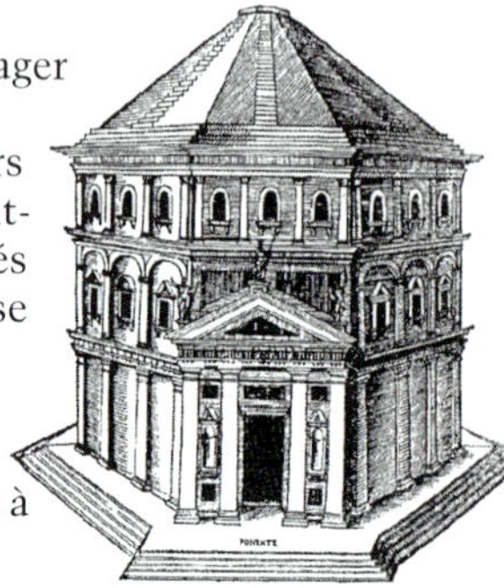

Le projet de surélévation du baptistère de Florence, d'après Léonard.

Deux chefs-d'œuvre pour comprendre la façon de travailler de Léonard

L'Annonciation et *Le Baptême du Christ*, réalisés dans l'atelier de Verrocchio en collaboration avec ses autres élèves, sont des œuvres fondamentales dans la formation de Léonard. Ce sont deux chefs-d'œuvre de la peinture du Quattrocento, exemplaires pour comprendre les procédés du travail artistique dans les ateliers, du projet iconographique et du dessin préliminaire aux premières touches picturales et aux interventions « spécialisées » des divers peintres, avec repentirs et variantes.

Léonard est un des premiers à utiliser l'huile au lieu de la détrempe et, lorsqu'il intervient sur un tableau commencé par d'autres, on relève d'importantes discontinuités. Une œuvre telle que

Dans *L'Annonciation* (ci-dessous) on peut distinguer les divers niveaux de qualité de chacune des composantes de l'œuvre. Les gestes expressifs ou la vigueur plastique des drapés des deux protagonistes sont confrontés à certains détails discordants (comme l'erreur de perspective du bras droit). Ou encore, les « ailes de rapace » de l'ange, le livre et les voiles de la Vierge, le pré fleuri comme une broderie, dont le style est en relation avec celui des sculptures du lutrin, la rigidité des éléments architecturaux, la scansion des arbres en contre-jour et le paysage structuré en trois parties. Tout cela crée une scénographie d'une profondeur et d'une ampleur spatiale extraordinaires, où le seuil de l'*hortus conclusus* sépare l'événement mystique du contexte du « monde ». À l'arrière-plan, le paysage portuaire introduit de nouvelles notes discordantes : d'improbables architectures s'accordent mal aux silhouettes de navires qui rappellent certains dessins sténographiques de Léonard. Bien que peu homogène, l'ensemble du tableau est d'une beauté fulgurante.

L'Annonciation est révélatrice des limites et des ambitions du jeune homme et associe de manière novatrice les expériences les plus diverses, picturales mais aussi plastiques et musicales. Le rôle de Léonard fut déterminant dans cette composition extraordinaire, peinte avec la collaboration de divers artistes, dont les éléments ne forment pas un ensemble homogène et ne s'intègrent pas dans un organisme unique de « tableau-machine ».

L'Annonciation entra aux Offices en 1867, attribuée alors à Domenico Ghirlandaio. Le dessin préliminaire et la première version ne sont pas entièrement de Léonard, ils sont dus aussi à la main d'autres élèves de Verrocchio. L'architecture sur la partie droite, œuvre d'un collaborateur zélé, tranche nettement sur l'intervention très probablement autographe de Léonard pour la tête de l'ange et celle de la Vierge, les vêtements et le paysage.

L'attribution de *L'Annonciation* à Léonard est confirmée par la présence d'études préliminaires de certains détails, tel le bras de l'ange (en bas), et par des examens radiographiques et spectrographiques : la tête de l'ange avec un repentir pour le profil et les cheveux aux tourbillons caractéristiques, la tête de Marie, dont le repeint efface une première version (à gauche).

La forme de la base du lutrin devant lequel est assise la Vierge de *L'Annonciation* (ci-contre) présente des similitudes avec l'architecture du tombeau de Pierre de Médicis (ci-dessus) à San Lorenzo, terminé par Verrocchio en 1472, et avec celle du tombeau Marsuppini de Desiderio à Santa Croce.

Le *Baptême du Christ*, des années 1471-1476, mentionné en 1515 comme œuvre de Verrocchio en l'église de San Salvi de Florence, est exemplaire de la production d'atelier. Dès 1510, la tradition attribue l'ange de gauche à Léonard : Vasari raconte que, devant la supériorité de son élève, le Verrocchio, « humilié de voir qu'un enfant en savait plus que lui, ne voulut plus jamais toucher un pinceau ». La main de Léonard se reconnaît aussi dans le paysage (qui peut être rapproché du dessin autographe daté du 5 août 1473 et des œuvres de Pollaiolo) et dans certains détails.

En outre, la participation d'au moins un habile collaborateur pour les figures et d'un autre, plus modeste, pour les arrière-plans est manifeste. On remarque d'énormes différences entre les têtes des deux anges ainsi que dans le traitement des mains de celui de droite, et un contraste étonnant entre la rigidité des reliefs rocheux et la fluidité des eaux et des terres, relevant d'une rêverie géologique qui, avec le symbolisme de l'eau élément régénérateur, se veut une synthèse cosmique.

Dans le *Baptême du Christ* de Verrocchio (ci-contre), Léonard propose de magistrales solutions picturales, telle la position de l'ange, de dos, mais orienté par un mouvement de torsion vers le centre de la scène. À l'anatomie fortement marquée de saint Jean-Baptiste, s'oppose celle, extraordinairement affinée, du Christ. Remarquables sont également la vigueur sculpturale des drapés, le sublime paysage à l'effet « vertigineux » bien qu'il s'insère de manière imparfaite à la scène.

Un portrait emblématique

Le seul portrait peint par Léonard durant sa première période florentine est celui de Ginevra Benci, identifié d'après des sources historiques et grâce à la forte présence symbolique du genévrier, repris au verso du tableau. Des relations d'étroite amitié unissaient Léonard et la famille des Benci qui s'étaient distingués à la direction de la banque des Médicis.

Dans ce petit tableau, les techniques, les styles et les conceptions diverses se fondent harmonieusement : la détrempe mêlée à l'huile, le dépouillement et l'immobilité alliés à la recherche de la vraisemblance du portrait, le dynamisme jusqu'à l'abstrait de la coiffure aux brillances métalliques jouant avec celui du paysage

Ginevra Benci (ci-contre) a été célébrée en poésie pour sa « rare pudeur » et pour son sourire, ici absent de ce visage fixe, non pas idéalisé mais saisi au « naturel ». Une luminescence diaphane et quelques touches faites avec les doigts font sentir l'épiderme de la peinture, de même que le voile boutonné sur les épaules comme dans la sculpture de la *Dame au bouquet* de Verrocchio (au centre). Au verso, le cartouche (en haut) rend hommage à la « beauté comme ornement de la vertu ». Le rameau de genièvre est encadré d'une branche de laurier et d'une palme, symboles héraldiques procédant à la fois de l'observation naturaliste et d'une allégorie qui exprime l'hommage du peintre au commanditaire en même temps que son programme esthétique.

aux silhouettes sombres ou évanescentes. En raison de ses qualités singulières, l'œuvre est désormais unanimement attribuée à Léonard.

Procès pour sodomie

Depuis 1472, Léonard fait certainement partie, à titre de peintre professionnel indépendant, de la Compania de San Luca. Cependant, il continue de participer à des œuvres de l'atelier de Verrocchio au cours des années suivantes. Deux documents de 1476 attestent que

Les mentions du nom de « Lionardo » à la Compagnie des peintres (ci-dessous, première ligne) et dans les archives du procès (deuxième ligne). En bas, *L'Approche d'amour*, une scène de séduction. À droite, deux profils extraits d'un feuillet qui comporte quantité d'autres dessins.

« Léonardo de ser Piero Da Vinci est avec Andrea del Verrocchio » (« *Léonardo de ser Piero Da Vinci manet cum Andrea del Verrocchio* »). Il s'agit des actes d'un procès pour sodomie sur un jeune homme de dix-sept ans dans lequel sont compromis Léonard, un orfèvre, un tailleur de pourpoints et un « Lionardo » appartenant à la prestigieuse famille des Tornabuoni, commanditaires de Verrocchio. Léonard sera finalement relaxé. Ce document soulève diverses interrogations : Léonard travaillait-il seulement avec Verrocchio ou habitait-il également avec lui ? Via dell' Agnolo ? Cette accusation, circonstanciée mais anonyme, constitue-t-elle une preuve de son homosexualité ?

L'année de la naissance de Léonard, Andrea del Verrocchio avait fait l'objet d'un procès, à Florence, pour avoir tué un ouvrier de la laine en lui jetant des pierres. Cela ne l'empêchera pas de devenir un des artistes favoris des plus puissantes familles florentines. Et il n'était pas le seul artiste à avoir cette réputation : Le Pérugin, rapporte Vasari, pareil à Léonard « par son âge et par ses amours », « pour de l'argent, aurait conclu n'importe quel mauvais contrat ». De même, on sait qu'en 1479 un « Paulo de Leonardo de Vinci da Fiorenze » est banni pour « mauvaise vie » : Giovanni Bentivoglio, seigneur

de Bologne, écrit à Laurent de Médicis que le jeune homme, après six mois de prison, se distingue dans l'art de l'incrustation.

Ces coïncidences et les nombreuses annotations de Léonard – des observations anatomiques aux phrases burlesques – laissent un vaste champ aux suppositions les plus contradictoires. Peut-on tirer des conclusions sérieuses à partir d'éléments aussi disparates que quelques fragments extraits de milliers de feuillets manuscrits, en fouillant l'intimité des notes à caractère privé, souvent transcrites par Léonard comme de simples citations provenant de diverses sources ?

« La licorne, par intempérance et parce qu'elle ne sait pas réfréner son goût des jouvencelles [...] s'endort dans [leur] giron, ainsi les chasseurs s'emparent d'elle. » C'est ainsi que Léonard « explique » l'allégorie ci-dessus, datable de 1478.

1478 : projets et coïncidences

L'année 1478 est essentielle dans la vie et l'œuvre de Léonard. Il reçoit sa première commande publique ; il suit les péripéties de la conjuration des Pazzi, au cours de laquelle est tué Julien de Médicis, le frère de Laurent le Magnifique pour qui il travaille au Jardin de San Marco. C'est aussi cette année-là

que, probablement, il rencontre celui qui sera son mécène à Milan, Ludovic Sforza qui, de son exil à Pise, se rend à Florence pour rendre hommage au Magnifique.

En 1478 toujours, Léonard conçoit le projet de « deux Vierges Marie », dont les éléments se mêlent, sur un unique feuillet, à des dessins de machines militaires, de chantier et à d'autres systèmes mécaniques, sans oublier deux profils, l'un classicisant, l'autre en rapport avec ses études pour une *Adoration*.

La même année encore, à Pistoia, les travaux pour le grand retable de la Madonna di Piazza reprennent et Verrocchio remporte, contre le projet de Piero del Pollaiolo, le concours pour le cénotaphe de l'évêque Forteguerri. Le 10 janvier, Léonard obtient la commande du retable pour la chapelle de San Bernardo au palais de la Seigneurie de Florence, là encore aux dépens de Pollaiolo, à qui il avait été confié le 24 décembre 1477. On a pensé, comme pour d'autres commandes, que Léonard l'a obtenue grâce à la protection de son père, ser Piero, notaire de la

Sur le retable de Filippino Lippi pour la chapelle San Bernardo (à gauche), la position dynamique de l'enfant évoque la manière de Léonard, les deux anges rappellent certains de ses dessins (ci-dessus et page de droite, en haut), eux-mêmes en relation avec le motif du relief de Verrocchio pour le tombeau de Forteguerri à Pistoia (page de droite, en bas).

Seigneurie, mais il ne fait aucun doute que Léonard entretient lui-même d'étroites relations avec d'importantes familles florentines. Il commence cette œuvre, mais bientôt l'abandonne : après son départ pour Milan, elle sera confiée – sans succès – à Domenico Ghirlandaio et finalement achevée en 1485 par Filippino Lippi, « sur le dessin » de Léonard.

À la vérité, nous n'avons pas d'informations certaines quant au projet qu'il avait conçu pour le retable de San Bernardo. On sait toutefois que, pendant cette période, il consacre de très nombreuses études à une *Nativité* et à une *Adoration*, et étudie des variations en séries sur le thème de *La Vierge à l'enfant*, passant définitivement de la peinture d'atelier à une recherche radicalement nouvelle et personnelle, fondée sur une exploration du « vrai ».

À partir de 1478, les études pour des *Adorations* et des *Madones* se multiplient en une série de solutions qui vont renouveler l'iconographie dans le sens d'une conception plus humaine, mais aussi « mentale » de la peinture. Léonard montre ici qu'il part expérimentalement « de la nature » et non pas de l'iconologie traditionnelle, qu'il s'appuie sur l'observation directe de la réalité, des scènes de la vie qu'avec la grâce et l'immédiateté d'un trait tout à fait libre, avec un plaisir presque affectueux et spontané, il traduit en un répertoire inédit.

La *Madone Benois* (ci-contre) est une composition à l'intimisme raffiné, empreinte d'une grande tendresse. On notera les variations subtiles de la lumière, le dynamisme des drapés ondoyants, les diagonales en rotation, les points focaux qui s'entrecroisent dans un espace en trois dimensions.

Le dessin cinématique

L'idée du dessin « filmique » à 360 degrés est une des constantes des recherches de Léonard sur la représentation en trois dimensions et les variations d'expression. Le regard tourne autour des choses, s'élève au-dessus d'elles ou s'en approche, connaît aussi leur revers, évolue à travers une succession d'instantanés. On a conservé des feuilles de dessins de jeunesse couvertes avec un plaisir et une frénésie évidents d'études de mains, de buste féminin ou de membres d'enfant saisis selon les angles et dans les attitudes les plus diverses, se référant à des *Vierges* et des *Adorations*. Viendront ensuite les études de chevaux ou d'anatomie, d'architecture ou de mécanique ; Léonard les développera dans le répertoire de gestes de *La Cène* ou de *Leda*, qui, d'abord agenouillée, se retrouve progressivement debout à côté du cygne.

Certains dessins de Léonard présentent un même personnage dans diverses positions, surtout frontale, latérale et de dos. Cette multiplicité des points de vue

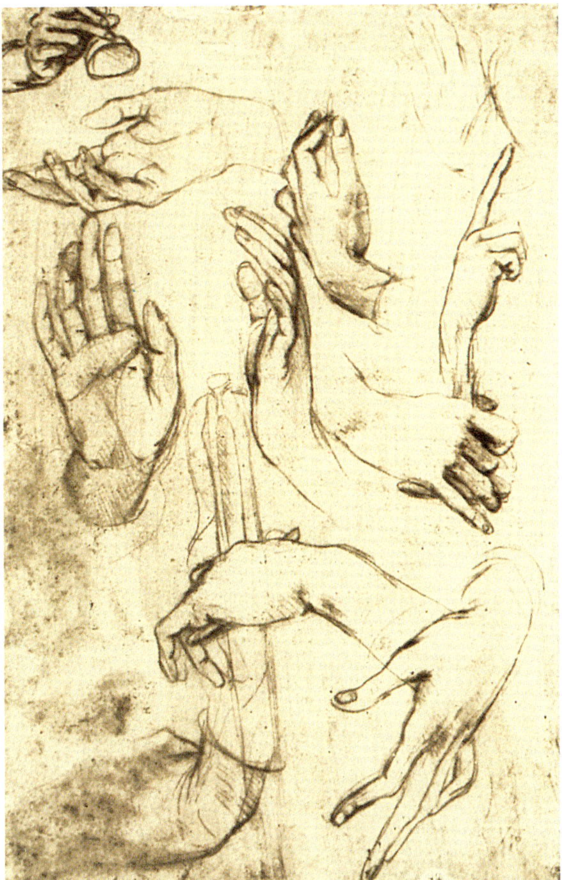

Le transfert sur toile de la *Madone Benois* (ou *del Fiore*, la giroflée) a altéré la qualité de certains détails et surtout des visages. Bien que l'œuvre ait été attribuée un temps à Verrocchio et même à Lorenzo di Credi, l'autographie de Léonard se reconnaît à la fraîcheur expressive de la scène, à la vive animation de la composition, aux rapports entre espace et lumière, à la vigueur des drapés, au jeu des mains et à l'équilibre des corps.

Lorsque, en 1478, Léonard mentionne deux « Vierges Marie », il se réfère probablement, parmi les tableaux que nous connaissons, à la *Madone Benois* et peut-être aussi à une *Madone au chat* dont de nombreuses études sont conservées (dessins page de gauche) à Londres, Bayonne, Florence et Paris. Une scène de jeu familier inspire cette représentation sacrée où même les éléments de la nature prennent valeur de symbole. Ci-contre, une série d'études de mains pour des *Annonciations* et des *Adorations*.

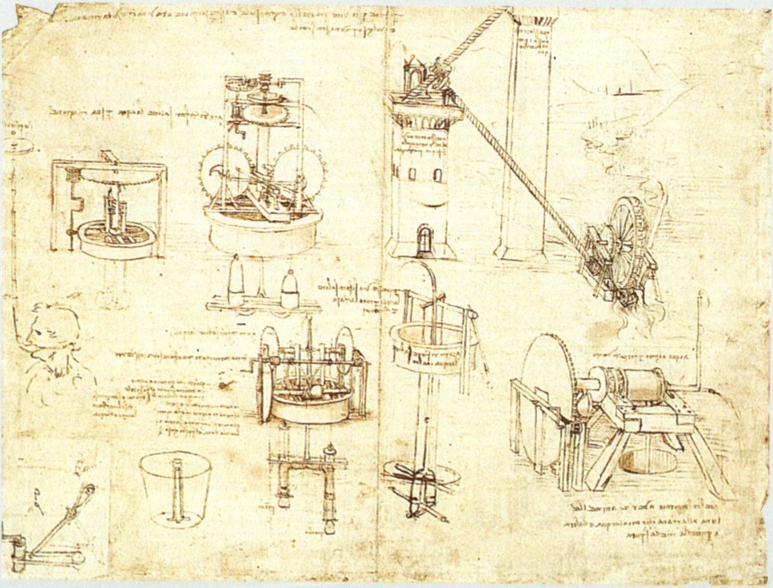

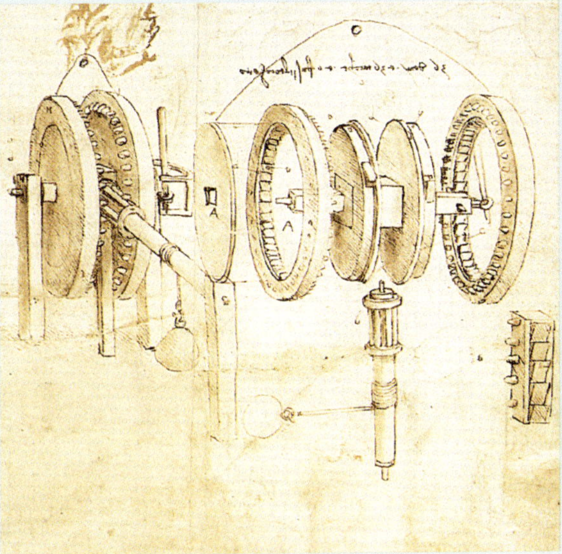

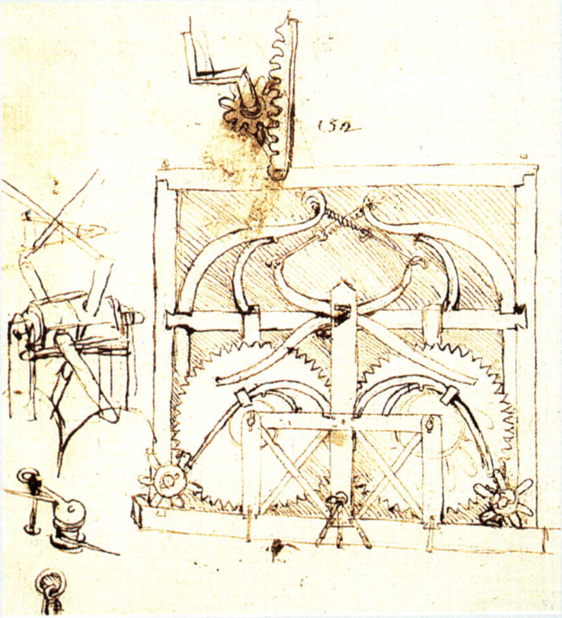

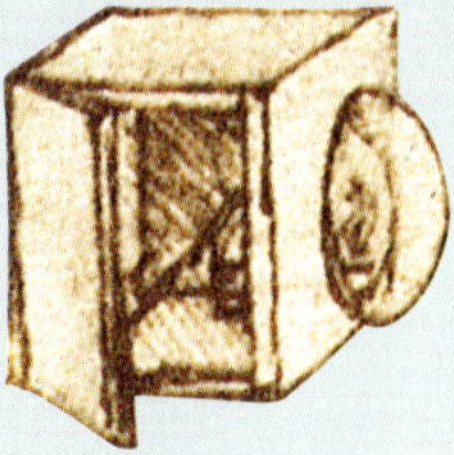

Les dessins les plus anciens figurant dans les recueils de Léonard peuvent être datés d'à partir de 1475 et confirment qu'il ne se consacre pas seulement à la peinture mais aussi aux études techniques. On trouve ainsi un perspectographe (page de gauche, en haut), des systèmes hydrauliques et pour la respiration sous-marine (page de gauche, en bas), un projecteur (ci-dessus), un char automoteur célèbre sous le nom d'« automobile de Léonard » (ci-contre, en bas). Léonard reprend à son compte les sources antiques, l'héritage médiéval et celui des ingénieurs toscans du début du Quattrocento. Il tend à représenter des mécanismes de plus en plus complexes, de véritables machineries à partir de systèmes simples et traditionnels : treuil, poulie, levier, coin, vis. Il en étudie les variantes et les décompose (ci-contre, en haut) pour en représenter les diverses formes, avec un grand souci esthétique et une connaissance pratique et rationnelle.

de la sculpture et du dessin est exprimée dans le *Traité de la peinture*, où Léonard établit des analogies avec la céramique, avec la manière de « faire un vase au tour », en montrant les « aspects infinis » de sa rotation.

« **Dessiner en peignant** »

Léonard conclut sa première période florentine par une extraordinaire cosmogonie, véritable « manifeste de la peinture » où s'exprime son humanisme. *L'Adoration des mages* est le premier tableau qu'il conçoit de manière radicalement autonome et révolutionnaire, comme une grande machine à l'iconographie complexe. Les arrière-plans s'ouvrent en de vastes perspectives sur des horizons lointains, dans un répertoire d'attitudes psychologiques et de

Des altérations et des impuretés superficielles rendent difficile la lecture de *L'Adoration des mages*. Les analyses spectrographiques ont permis des redécouvertes significatives. On peut même reconnaître Dante parmi les personnages de droite. Page de droite, une étude pour *L'Adoration des mages*.

symboles où la méditation empreinte de pathos mêle la raison et l'irrationnel, où la conscience d'une continuité de l'histoire s'allie à celle d'une renaissance.

Les éléments de cette « machine picturale » ne sont pas des engrenages, des vis ou des ressorts, mais des figures, des gestes, des géométries, des états d'âme, des énergies vitales, des « mouvements corporels » et « mentaux », des attitudes et des émotions. Le dynamisme de l'Enfant agit au centre de cette cosmogonie, au point de rotation de la pyramide que forment la Vierge et les rois mages. Tout autour, les rois, les bergers, les anges, les cavaliers s'agitent, dans le vaste mouvement enveloppant de l'épiphanie, c'est-à-dire de la révélation, de l'apparition qui, plus que l'adoration, est le véritable moteur de la composition. La technique fluide du dessin et le clair-obscur confèrent à l'ensemble un modelé d'une grande intensité et à l'image une « dynamique intégrale ».

Cette *Adoration* a été commandée à Léonard en mars 1481 par le couvent de San Donato à Scopeto, dont son père est le notaire. L'artiste, bien qu'il se soit engagé à achever le tableau en moins de trente mois, le laisse inachevé, tout comme le *Saint Jérôme*, au moment de son départ pour Milan. Est-ce le plus haut degré d'élaboration auquel il peut porter sa peinture en 1482 ?

Saint Jérôme (ci-dessous), peint vers 1482, fut acquis par le pape Pie IX après 1845. Il avait précédemment fait partie de la collection du peintre Angelica Kauffmann et de celle du cardinal Fesch, oncle de Napoléon. Ce dernier l'aurait acheté à un brocanteur qui s'en servait comme couvercle d'un coffre, mais la partie comportant la tête du saint était manquante. Le cardinal Fesch la récupérera plusieurs mois plus tard dans la boutique d'un savetier où elle servait de tabouret. La comparaison avec *L'Adoration* confirme l'attribution du *Saint Jérôme* à Léonard.

Le peintre se présente à Ludovic le More comme un expert en art militaire et lui offre ses secrets : « Une infinité de ponts, la manière de détruire les forteresses, des canaux, des chars couverts, sûrs et inattaquables, des bombardes, mortiers [...] et autres machines d'une admirable efficacité [...]. En outre, j'entreprendrai l'exécution du cheval de bronze qui sera gloire immortelle [...] de l'illustre maison des Sforza. »

CHAPITRE 3

À MILAN AU TEMPS DES SFORZA

La première œuvre que Léonard réalise à Milan est *La Vierge aux rochers* ; à gauche, détail : la main de Marie, étendue en un geste rituel comme en un exercice de lévitation, et celle de saint Jean-Baptiste, le doigt pointé. Ci-contre, un feuillet du *Codex Atlanticus*, sur lequel Léonard a dessiné les principaux points de repère de Milan.

En 1482 Léonard quitte Florence pour Milan, officiellement pour apporter en cadeau à Ludovic le More, de la part de Laurent de Médicis, une lyre d'argent, précieux instrument de musique en forme de crâne de cheval. Le voilà, à trente ans, investi du rôle d'ambassadeur des arts, servant ainsi le dessein de Laurent le Magnifique qui s'appuie sur le prestige culturel de la Florence des Médicis pour favoriser ses relations politiques et économiques. Mais les raisons de ce départ sont multiples et c'est un Léonard très inquiet qui se rend à Milan.

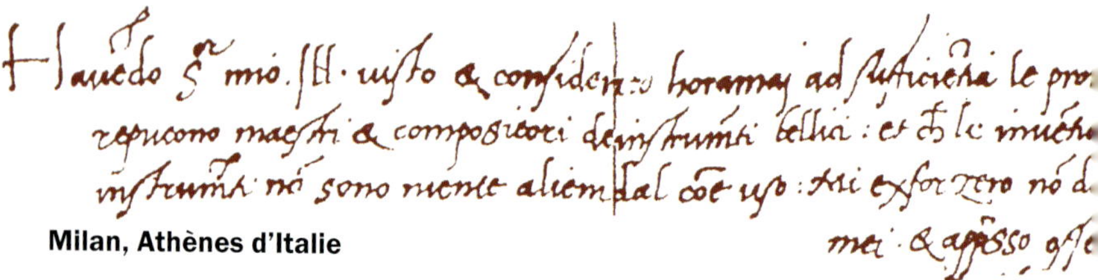

Milan, Athènes d'Italie

En 1481 des représentants de la peinture florentine avaient été invités par Sixte IV à venir travailler au Vatican : Botticelli, le Pérugin, Piero de Cosimo, Ghirlandaio. Mais pas Léonard. Ses notes d'alors reflètent un certain pessimisme. Le climat d'érudition de l'humanisme florentin, essentiellement néoplatonicien, est un frein aux ambitions de l'artiste qui pense trouver dans une Lombardie aristotélicienne et pragmatique un lieu plus favorable à ses expériences.

Le duché de Milan est riche, moderne et industrieux dans une Italie divisée qui attire les convoitises des autres États européens. Culturellement, il allie l'héritage du gothique international aux nouveautés de la Renaissance. Certes, la puissante cité ne compte guère de personnalités de haut niveau dans le domaine des arts figuratifs, mais Ludovic le More veut faire de Milan l'« Athènes d'Italie », y créer un « Parnasse », concurrencer Florence elle-même, Mantoue, Ferrare, Urbino, et devenir l'égal des Médicis, des Gonzague, des Este, des Montefeltre.

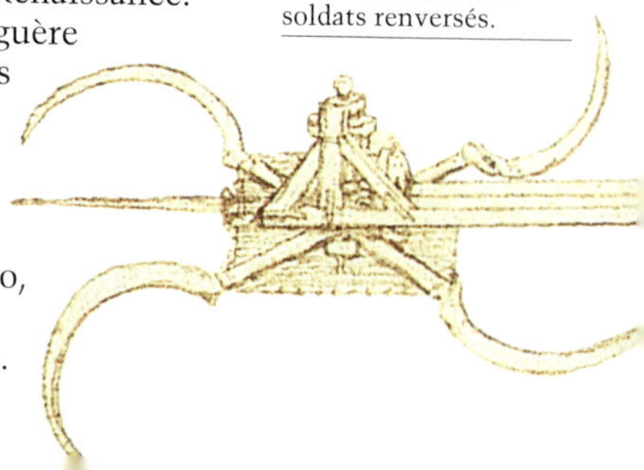

Dans les codex se retrouvent toutes les études des systèmes que Léonard propose dans sa lettre à Ludovic le More (ci-dessous). Il travaille sur une idée de chars d'assaut et de chars à faux (en bas), engins déjà bien connus mais pour lesquels il étudie des systèmes défensifs qu'il recommande de mettre en action dans un grand vacarme, en poussant des cris pour semer la panique parmi les chevaux de l'ennemi. Il observe en effet que, souvent, ces chars « ne causèrent pas moins de dommage aux amis qu'aux adversaires ». Les dessins, extraordinaires par leur qualité dynamique, montrent nettement les effets de ces machines de guerre, en présentant les mutilations des soldats renversés.

À la cour de Ludovic, Léonard reçoit le titre mythique d'« Apelle florentin », réservé aux grands peintres. Il espère obtenir, non seulement le paiement de chaque œuvre achevée, mais un salaire : ce seraient des conditions idéales pour ses expérimentations, même si, en contrepartie, il devait tenir le rôle assez contraignant d'animateur éclectique et d'« ornement » prestigieux de la cour.

En cette année 1482, Milan est en guerre au côté de Ferrare. Les arts militaires jouent un rôle déterminant, tout comme le commerce et la production d'armes.

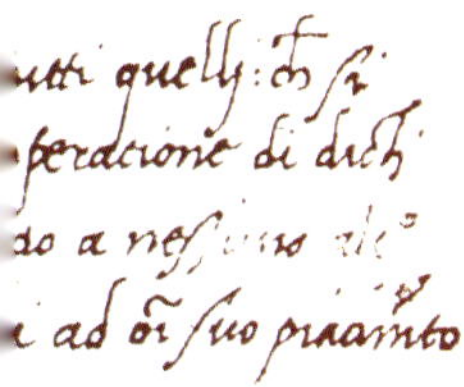

Tout cela contribue à expliquer le contenu de la lettre en dix points que Léonard a fait rédiger en son nom par un ami érudit et qu'il adresse au seigneur de Milan. Dans les neuf premiers points, il met en évidence ses qualités d'ingénieur militaire, tout en se proposant pour réaliser, en temps de paix, des ouvrages d'architecture et d'hydraulique et, bien sûr, des peintures et sculptures. Enfin, il exalte le projet de monument à Francesco Sforza, le père de Ludovic. Au-delà de son art, que le duc connaît, ce que Léonard veut offrir, c'est un autre « professionnalisme », ses inventions et ses connaissances pratiques, ses réalisations d'ingénieur et ses machines à rêve.

Ci-dessus, un des portraits de Ludovic le More les plus diffusés par l'école de Léonard. Dans le manuscrit H, Léonard lui dédie, entre autres allégories, le texte suivant : « Le More avec des lunettes ; l'Envie représentée avec la menteuse Médisance et la Justice, noire à cause du More. » Les lunettes, symboliquement, « pour mieux connaître ».

Énigmes et harmonie

Nous ne savons pas si Léonard a envoyé ou non cette lettre à Ludovic, mais il est fort probable qu'il s'est rendu à Milan en compagnie d'un musicien, Atalante Migliorotti. Lui-même était, selon la légende, un joueur de lyre au talent « rare », habile interprète et maître de musique, inventeur d'instruments et de spectacles fantasmagoriques, faisant l'admiration des cours de Milan et de France. On a retrouvé dans ses codex des études pour tambours mécaniques et instruments à vent avec clavier, viole et orgues portatives, flûte et cornemuse, et même des automates et des systèmes hydrauliques pour des machineries de théâtre à effets sonores. On ne connaît pas de compositions musicales complètes, les notes forment le plus souvent d'astucieuses énigmes, les rébus de la première période milanaise.

Une des constantes – et aussi un des grands thèmes léonardiens – est l'harmonie, celle que produisent la musique et les effets sonores des eaux, mais aussi l'harmonie comme recherche esthétique et équilibre entre les éléments, mesure du temps et principe de la cosmologie… Si pour lui la « science de la peinture » est science divine, la musique ne peut être que sa « sœur ». Toutefois, il écrira dans son *Paragone* : « La peinture l'emporte sur la musique et la domine, car elle ne périt jamais aussitôt créée, comme l'infortunée musique. » Il privilégie l'œil, « fenêtre de l'âme », et donc la vue sur les autres sens. Sa pensée est une trame continue, de contrepoints en analogies. La musique est pour lui une science cérébrale, un art raffiné, artificiel mais aussi primordial, qu'il lui arrive de décrire par

Il existe deux versions de *La Vierge aux rochers* : celle du Louvre, datée entre 1483 et 1486 (page de droite, à gauche), est sans conteste autographe, et celle de Londres, des années 1493-1508 (page de droite, à droite), bien que très controversée et retouchée, l'est au moins en grande partie. La Vierge du Louvre baigne dans une vibrante atmosphère crépusculaire, une magie secrète semble émaner des ombres. Les touches du pinceau sont plus fluides dans le tableau de Londres et font parfois songer à des pétales de couleur. Le traitement du thème religieux diffère aussi : les fleurs sont, dans le tableau du Louvre, surtout symbole de passion et dans celui de Londres de pureté et d'humilité mariale.

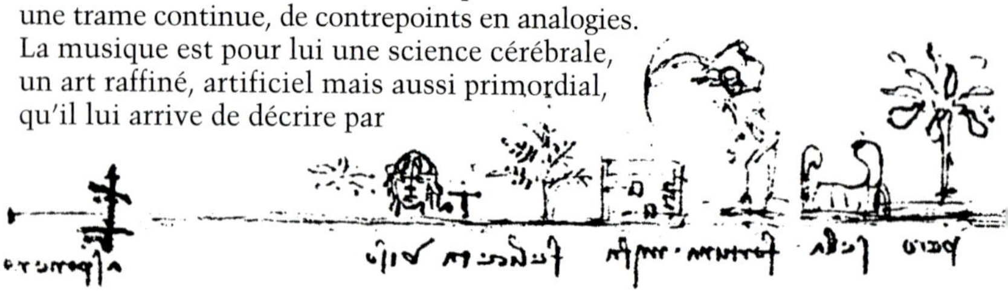

d'étranges devinettes : « Le vent qui, passant par la peau des animaux, fera sauter tous les hommes » est « la cornemuse qui fait danser », la musique d'un monde primitif, atavique. Mais surtout, la musique sera toujours une « représentation de l'invisible ».

Un instrument de musique prend la forme d'un animal fantastique (la lyre, page de gauche, en haut) tandis que les notes permettent à Léonard de composer ses rébus ; page de gauche, à droite, écrit à l'envers : « L'amo re mi fa so la za re » *(L'amore mi fa sollazzare)*, l'amour me divertit. En bas, un autre rébus, à l'envers aussi : « Mais si la fortune me sourit, alors je changerai de visage » *(Pero se la Fortuna mi fa felice tal viso asponero)*.

La peinture aussi devient « représentation de l'invisible »

La première réalisation connue de Léonard à Milan est *La Vierge aux rochers*, une composition d'une grande complexité, une peinture « métaphysique » qui apparaît comme le paradigme de conceptions esthétiques dont Léonard avait eu l'intuition mais qu'il n'avait pas pleinement exprimées dans sa période florentine – puisque *L'Adoration* était demeurée *non finita*. *La Vierge aux rochers* va être le prototype d'une « manière » de l'école léonardesque en Lombardie. L'invention qui consiste à plonger la scène dans l'ombre donne aux éléments surgissant dans la lumière la puissance de véritables révélations et fait apparaître les personnages, les halos et les reflets de « lumières secondaires » comme des émanations spirituelles.

La Vierge aux rochers sera pendant vingt-cinq ans au centre d'un différend entre Léonard et ses commanditaires, la Confraternité de l'Immaculée Conception à San Francesco Grande, à Milan. Elle reste, malgré la découverte de nouveaux documents d'archives, partiellement une énigme. Elle fut l'objet de multiples conflits d'intérêt, depuis la disparition du premier tableau (aujourd'hui au Louvre). Retards, réclamations douteuses, jugements et sentences se succédèrent, jusqu'à l'accord pour terminer le tableau (la seconde version, aujourd'hui à Londres), à condition de pouvoir le copier ultérieurement. En acceptant la commande, le 25 avril 1483, Léonard s'était engagé à achever l'œuvre en un peu plus de sept mois. Il ne pourra signer le certificat de bonne fin que le 23 octobre 1508.

Le tableau rassemble en une synthèse extraordinaire les grands thèmes léonardiens et les signes hermétiques, pleins de secrets et d'allusions, se prêtant à une infinité d'interprétations symboliques et théologiques : la grotte humide et fleurie dans le corps de la terre, est à la fois matrice et caverne de la connaissance, nimbée d'une aura métaphysique et ésotérique aux accents de lyrisme mystique et de mystère. L'antre rocheux et les montagnes inaccessibles qui se perdent dans le lointain représentent l'univers géologique dans l'infini spatio-temporel, ils forment le théâtre secret de l'événement sacré, purement spirituel, où les gestes

Parmi les études de Léonard se référant à *La Vierge aux rochers* du Louvre, ce visage de jeune fille (ci-dessus) était considéré par l'historien d'art Berenson comme « le plus beau dessin du monde ».

Dans *La Vierge aux rochers* du Louvre, le regard de l'ange se porte hors du tableau, en direction du spectateur, mais au-delà de sa perception directe. Certains le considèrent comme ambigu, presque démoniaque, avec un pied droit griffu. Les quatre personnages de la version de Londres obéissent à une composition géométrique, pyramidale et à des lignes formant une croix, mais s'imposent dans l'espace avec une plus forte évidence. Chaque élément, baigné de lumière, a sa propre dynamique visuelle et spatiale, en particulier le drapé jaune de la Vierge qui, dans la version du Louvre, est comme une notation abstraite, tandis que dans celui de Londres il reprend de la vraisemblance à l'intérieur du manteau. On a perdu toute trace du splendide cadre en bois doré sculpté par Giacomo del Maiano, mais en revanche, on a conservé les panneaux latéraux (attribués à de' Predis mais aussi à Marco D'Oggiono), qui représentent simplement deux anges musiciens, au lieu des huit musiciens et chanteurs prévus.

La broche (page de gauche), au centre de *La Vierge* de Paris, n'est pas représentée sur celle de Londres.

restent suspendus comme pour saisir cet instant de l'histoire de l'humanité en devenir. L'iconographie, qui ne correspond pas à ce qui était prévu dans le contrat de 1483 (la Vierge avec l'Enfant entre deux anges et deux prophètes, mais sans saint Jean), a incité à y voir une intention hérétique de Léonard.

La broche de la Vierge est d'un extraordinaire intérêt quant à la morphogenèse du tableau : elle constitue une sorte de microcosme, un œil de lumière réfractée et d'ombre profonde, comme un miroir obscur. Le visage de la Vierge se trouve au point de convergence de plusieurs diagonales, mais c'est la broche, avec ses vingt perles, qui est au centre de toute la composition.

Le premier atelier milanais de Léonard

Léonard se distingue comme *depinctore* (peintre) et crée un atelier avec collaborateurs et élèves. Parmi eux Ambrogio de' Predis, Boltraffio, Salai, Marco d'Oggiono, Francesco Galli dit Napoletano, le « mécanicien » Giulio Tedesco... On y produit des œuvres comme la *Madone Litta*, dite aussi *Vierge au lait*, qui, bien que remarquable par sa composition en raccourci et sa symbolique – le lait et le chardonneret de la Passion – n'est plus attribuée au maître.

Un prototype original, complètement autographe de Léonard a-t-il existé ? Le tableau pourrait être daté, comme production d'atelier, des années 1485-1487, ou plus tard. Certains détails ne se retrouvent-il pas dans *La Vierge aux Rochers* de Londres ? L'idée de ce tableau est certainement de Léonard. Il est exemplaire de la production de son atelier milanais, où une conception unitaire et une technique raffinée atténuent les différences.

Le renouvellement du portrait

Deux œuvres des années 1485-1490, *Le Musicien* et *La Dame à l'hermine*, attestent du profond renouvellement que Léonard introduit alors dans le genre du portrait. *Le Musicien* est un vrai concert de références, des boucles « brillantes » de *Ginevra Benci* à l'anatomie sculpturale de *Saint Jérôme*, renforcées par une intensité psychologique nouvelle, qui atteindra au sublime dans *La Dame à l'hermine*. On notera le caractère résolument lombard, les influences nordiques et le dynamisme du portrait qui suggère l'instant où, pendant un intermède musical,

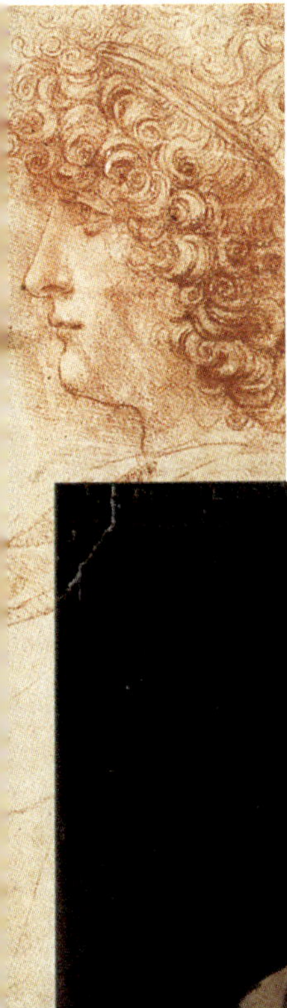

le chanteur retient « le geste et le souffle ». L'intervention de Léonard est presque certaine, la préparation et la technique nous renvoient à lui, tout au plus avec la collaboration marginale d'un aide tel que de' Predis.

On n'a aucune information fiable sur *La Dame à l'hermine* avant la fin du XVIIIe siècle, lorsque, provenant d'Italie, elle arrive en Pologne dans la collection Czartoryski. Malgré

Le Vieillard et le Jeune Homme (au centre) sont caractéristiques des profils idéaux et des contrastes physiognomoniques qu'affectionne Léonard. *Le Musicien* (en bas) est passé pendant presque trois cents ans pour le portrait du duc de Milan, jusqu'à ce que la découverte de la portée de notes sur le cartel révèle qu'il s'agissait d'un musicien, dont l'identité n'est toujours pas précisée. Le portrait de dame (ci-contre), aujourd'hui attribué avec certitude à Léonard, est celui de Cecilia Gallerani (en grec hermine se dit *galè*) qui, en 1490, à dix-sept ans, devint la maîtresse de Ludovic le More. Les repeints ont fait disparaître le dégradé lumineux du fond, introduit une inscription avec un faux titre et un W pour Vinci : ils ont dénaturé la coiffure, modifié la géométrie des entrelacs, le collier, la forme de la main gauche et des doigts inférieurs de la droite, sans effacer tout à fait la savante élégance de ce chef-d'œuvre absolu qu'est *La Dame à l'hermine*. Tandis que la *Madone Litta* (page de gauche), œuvre d'atelier, n'a pas la vitalité des œuvres autographes.

les restaurations, ce portrait exerce sur qui le regarde une fascination plus grande encore que celui de *La Joconde*. Le rythme de la composition et le mouvement de la silhouette féminine qui tourne dans l'espace selon une spirale divergente par rapport à celle de l'hermine, sont une nouveauté absolue dans l'art du portrait.

Homme sans lettres et artiste de la science

Cinq ans après son arrivée à Milan, Léonard estime indispensable d'organiser, de rassembler, de rationaliser ses connaissances théoriques et pratiques, artistiques et technologiques. Ainsi commence sa métamorphose d'artiste des machines en artiste de la science. Il entreprend donc de recueillir des notes de toutes sortes sur des carnets de divers formats et projette la rédaction de traités systématiques.

Le premier problème qu'il affronte est celui des « lettres » et de l'accès aux sources classiques. Il se définit lui-même comme un « homme sans lettres », qui tire son savoir de l'expérience et de la pratique des arts, polémiquant avec les docteurs, « *gente stolta* », stupides, mais présomptueux et arrogants, qui prennent prétexte de son parcours d'autodidacte pour le critiquer aveuglément et injustement. Ces accès d'humeur violents et persistants dont il a laissé la trace dans ses notes personnelles révèlent deux éléments biographiques fondamentaux : il est tout à fait conscient et fier de n'avoir pas été nourri de culture livresque et rhétorique, lucide sur sa foi dans les valeurs universelles de l'art et sur sa connaissance directe et créatrice des phénomènes de la nature. Léonard se plaît à affirmer sa réalité d'homme qui s'est fait tout seul, il voue une totale aversion aux hiérarchies culturelles,

Léonard accompagne ce croquis (à droite) d'un élément mécanique qui semble s'animer d'une vie serpentine et ajoute une note autobiographique : « Corps formé selon la perspective par Léonard de Vinci, disciple de l'expérience. Ce corps peut être fait sans modèle d'un autre corps, mais uniquement au moyen de simples lignes. » C'est l'invention comme art, l'artifice absolu du dessin qui, avec la peinture, est en compétition avec le « créateur divin ».

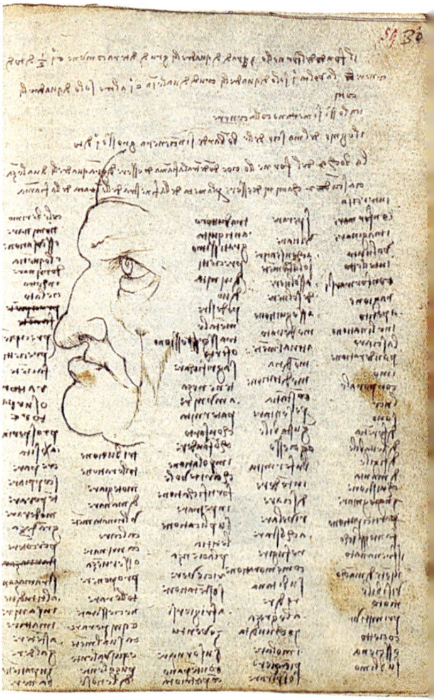

Dans les colonnes de mots du *Codex Trivulzio* (en bas, à gauche), apparaît une étude de physiognomonie. Léonard se passionne également pour le vol humain et ses mythiques tentatives, depuis les cerfs-volants de la Chine ancienne jusqu'à ceux du Vénitien Fontana, destinés à la signalisation militaire, et aux expérimentations légendaires de Danti sur le lac Trasimène. Léonard projette lui aussi de survoler les lacs de Lombardie. Pour atténuer les risques de chute, il dessine un parachute (ci-dessous) auquel il donne des proportions tout à fait plausibles.

à la distinction entre arts libéraux et « arts mécaniques » (ou pire « arts serviles »), à l'érudition académique qui prétend prendre le pas sur l'expérience. Il reconnaît cependant que la pratique sans véritable science est comme le marin sans boussole : « La science est le capitaine, la pratique est le soldat. » Mais n'oublions pas que, pour Léonard, la peinture est aussi une science.

Si Léonard est « un homme pratique en quête d'une théorie », il montre toujours qu'il est un artiste désireux d'aller au-delà, qui cherche à saisir ce qui lui échappe. Il cultive le grand rêve de l'art et le projette dans l'utopie. Il est l'homme-artiste qui, des machines volantes à la cité idéale, préfigure les paradigmes de l'imaginaire technologique et architectural.

L'art du vol et le rêve du sous-marin

Le rêve d'Icare fascine Léonard qui étudie la technique et l'art du vol sur les pages d'au moins neuf codex à diverses périodes de sa vie. Après ses premières études de jeunesse à Florence, entre 1487 et 1490, il dessine sur le manuscrit B de fabuleuses machines volantes en établissant des analogies avec les battements d'aile des oiseaux. Peu à peu, il applique à l'art du vol des notions de mécanique, de physique, d'anatomie, en particulier sur la question des articulations. Il se préoccupe d'aérodynamique pour l'étude des courants, des problèmes de centre de gravité, de résistance et de révolution de l'oiseau analysé en tant que corps géométrique et « instrument opérant par lois mathématiques ». Il observe le milan et le cortone, un oiseau de proie, mais c'est pour affirmer qu'il n'y a pas « d'autre modèle que la chauve-souris ».

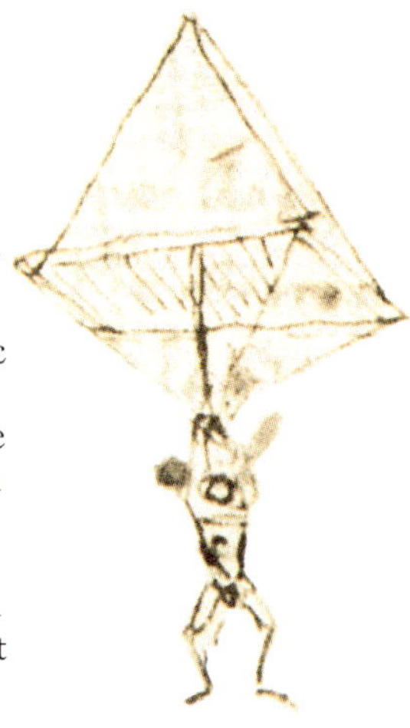

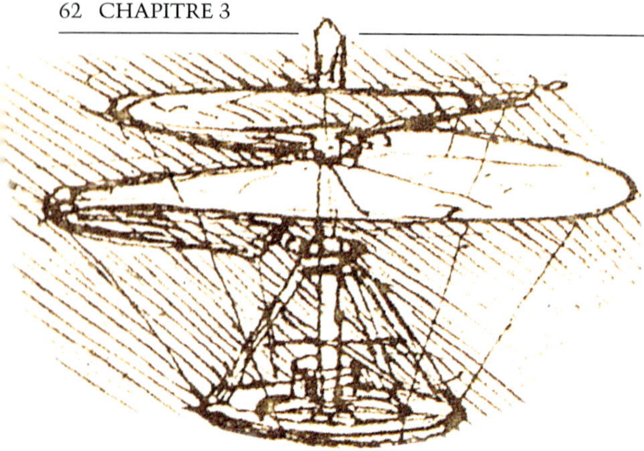

« La vis se fait femelle dans l'air et montera très haut » Cette célèbre anticipation de l'hélicoptère est considérée comme l'évolution du jeu d'enfant dit « du moulinet ».

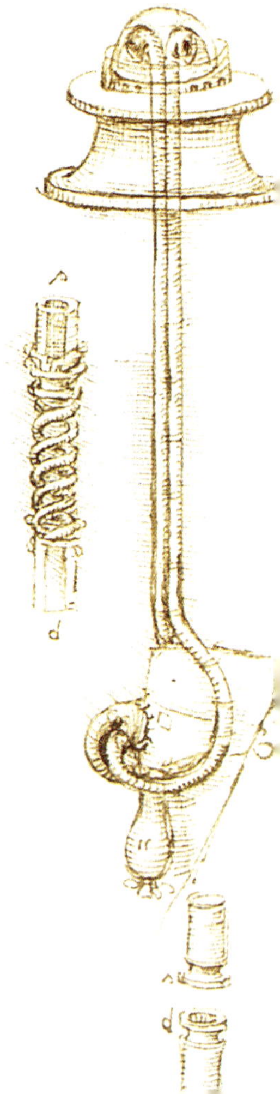

Le vol représente pour lui le sommet de l'utopie mécanique, le rêve d'un dieu ingénieur de créer une sublime merveille, mais c'est aussi un désir métaphysique, tout le plaisir onirique de la rêverie d'immensité, de l'exploration des « géographies solennelles des limites humaines ».

Au rêve de conquête du ciel correspond celui de pouvoir s'immerger et se mouvoir dans les eaux profondes, ou de marcher à la surface des eaux. Toutefois, si le désir d'une machine pour planer dans les airs est une aspiration à une extrême liberté, celui de disposer d'instruments pour se mouvoir sous la surface de la mer semble surtout lié, chez Léonard, à une idée insidieuse de guerre et de destruction.

Son submersible est « un bateau à utiliser pour couler les navires avec l'instrument que tu sais ». Un secret! Il est certes en relation avec ses études du feuillet sur lequel on peut voir aussi un scaphandre, au dessin assez remarquable mais peu fonctionnel : il s'agit de vrilles pour percer les carènes et autres dispositifs pour attaques sous-marines, que Léonard se propose de garder secrets tant qu'un « contrat pour l'instrument » n'aura pas été signé devant notaire. Il pense évidemment que cette découverte va l'enrichir.

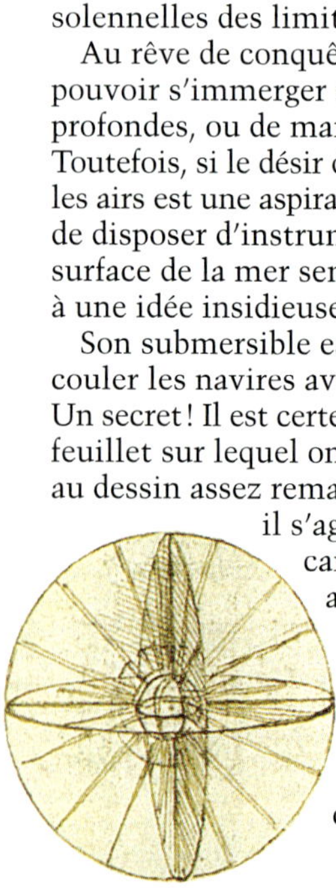

La « folie bestiale »

Pour Léonard, la guerre est « pazzia bestialissima » mais peut répondre à une « nécessité » ; il étudie donc des armes mortelles et offre ses inventions aux seigneurs de la guerre, tout en proclamant sa répugnance vis-à-vis des armes invisibles et assassines, celles qui frappent traîtreusement depuis le fond des mers, et des flèches empoisonnées.

Les scènes de bataille représentent pour lui un décor idéal où mettre en scène les émotions et les effets visuels. Ses dessins sont des « bannières de beauté » d'une grande puissance suggestive, qui ne peuvent être comparés à rien d'autre dans l'histoire des traités ni dans aucune des représentations qui ont précédé – et suivi – son œuvre. Avec les projectiles explosifs des grands mortiers, qu'il définit pourtant comme « la machine la plus mortelle qui soit », il dessine un ciel d'étoiles pyrotechniques.

Léonard dessine une machine large de 20 brasses (en bas, à gauche) pour voler depuis la cime d'une montagne, soutenu par le vent, avec un homme « toujours debout en son centre », « servant de boussole ». Il étudie des systèmes de respiration sous l'eau (au centre). Les arbalètes montées en batterie prennent la forme de gigantesques engins à roue. Léonard appliquera le principe de l'arbalète aux chars automobiles, aux horloges, aux machines volantes.

Ludovic le More, qui se plaît à diffuser partout ses emblèmes, recherche dans les éléments les plus divers des significations allégoriques, des allusions ambiguës, secrètes ou ironiques, des symboles. Mais Léonard, dans les allégories qu'il dessine, ou les correspondances qu'il suggère entre mots et images, laisse transparaître bien des sentiments ou des états d'âme, son ressentiment contre l'envie, la trahison, la calomnie. Il représente l'opposition des contraires, célèbre ou défend la prudence, la beauté, la vérité contre les embûches et les vices de la vie. Page de gauche, en haut : Phyllis chevauche Aristote ; en bas : dans une allégorie qui fait songer à la métaphysique de Giorgio de Chirico se mêlent l'énergie solaire et le miroir, la licorne et d'autres animaux fantastiques. Ci-contre, en haut : l'homme s'élève à partir des branches de l'arbre, soutenu par les « contreforts » de la géométrie ; en bas : dans la partie gauche, l'envie chevauche la mort, tandis que dans la partie droite la vertu (avec le rameau d'olivier) est victorieuse de l'envie (à la queue de scorpion).

Ses études pour la guerre, qui semblent destinées à une scène de théâtre, acquièrent une précision esthétique de plus en plus grande.

Le « médecin architecte »

Dans les domaines de l'architecture et de l'urbanisme, Léonard est aussi un artiste d'« avant-garde », mais il ne se rebelle pas contre le système politique ni contre ses commanditaires ; il se mesure constamment avec la réalité, s'efforce d'inventer et de saisir des occasions favorables, même si elles restent souvent limitées. D'une écurie à un temple, d'une citadelle inexpugnable au théâtre destiné à la prédication, ses dessins sont les détails rationnels d'un vaste projet.

En 1487, une maquette en bois pour la tour-lanterne de la cathédrale de Milan est construite d'après les plans de Léonard. Il écrit à ce propos que l'architecture est comme un organisme vivant : si un édifice est malade, il lui faut un « médecin architecte ». L'idée n'est pas neuve, mais

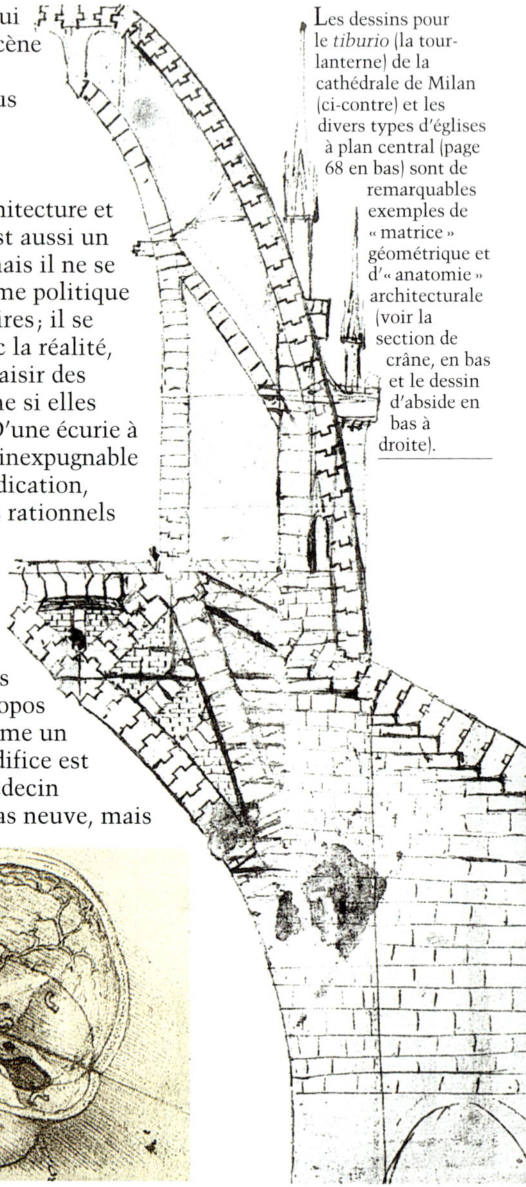

Les dessins pour le *tiburio* (la tour-lanterne) de la cathédrale de Milan (ci-contre) et les divers types d'églises à plan central (page 68 en bas) sont de remarquables exemples de « matrice » géométrique et d'« anatomie » architecturale (voir la section de crâne, en bas et le dessin d'abside en bas à droite).

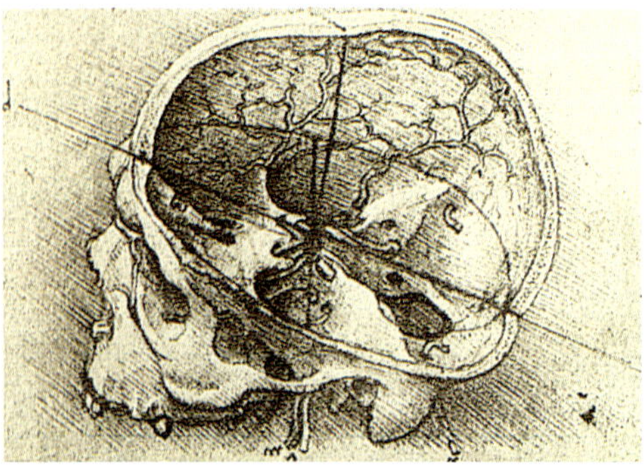

le projet de Léonard est original. Il combine en effet des idées tout à fait traditionnelles et confuses, des interactions entre des concepts géométriques abstraits, des éléments structurels, voire des analogies entre « diagrammes d'harmonies musicales » et l'anatomie humaine (la coupelle du crâne...). L'idée du rapport entre le corps humain et les formes de l'univers micro et macrocosmique s'inspire du *Timée* de Platon et de la *Cosmographie* de Ptolémée. Dans les traités d'architecture de Francesco di Giorgio, qui en 1490 se trouve à Pavie avec Léonard, les dessins d'édifices et les éléments d'architecture se basent sur les proportions du corps humain. De l'anatomie d'une colonne à la section d'un temple, cette conception se retrouve dans les croquis d'architecture de Léonard, qui se réfèrent explicitement à Vitruve, en particulier dans un célèbre dessin de Venise que l'on peut dater de 1490. Naturellement, le centre du corps humain, inscrit dans le cercle – qui est l'absolu géométrique –, est le nombril, l'*omphalós* des Grecs.

L'étude des proportions humaines (en surimpression) montre que Léonard propose une synthèse des conceptions architectoniques, qui vont de Vitruve à Francesco di Giorgio, en termes d'harmonie et d'anthropomorphisme. Il nourrit le rêve d'un urbanisme qui concilierait les arts, les sciences et l'utopie. Son ambitieux projet pour Milan (page suivante, en haut) préfigure les villes satellites à plusieurs niveaux auxquelles rêveront, au XXe siècle, les futuristes.

La ville devient beauté

Le thème de la « cité nouvelle » va être particulièrement d'actualité dans les années qui suivront la peste de Milan de 1484-1485. La cité idéale de Léonard est fondée sur des critères d'organisation rationnelle, de dynamisme naturel, des significations symboliques et des exigences fonctionnelles, à tous les niveaux, de l'étage noble des palais au réseau d'égouts.

Léonard ne se contente pas d'étudier des abstractions formelles, il propose des solutions pratiques : les routes, et les cours d'eau assurent une circulation qui devrait être optimale pour des raisons d'efficacité, de plaisir et de salubrité. Il fonde son système non pas tant sur des distinctions entre classes sociales que selon les fonctions de chacun et, comme en anatomie, il procède par visions séparées : il commence par les infrastructures...

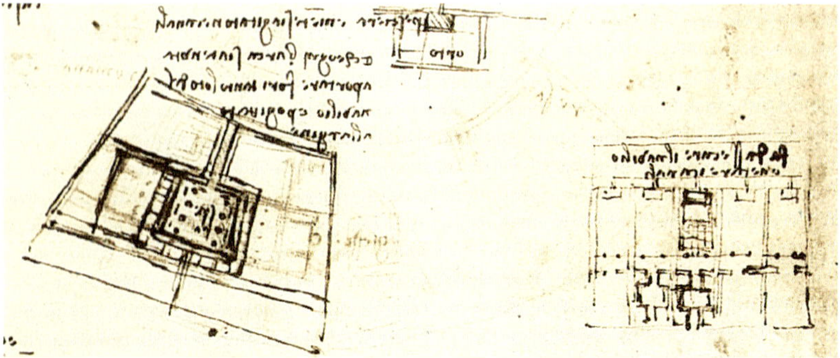

Sur le manuscrit B, Léonard dessine un escalier à deux rampes divergentes puis convergentes (ci-dessous). Des études pour une forteresse voisinent avec celles de kiosques pour un jardin, d'un labyrinthe et avec la beauté sobre d'un simple toit de tuiles (page de droite).

Il n'est pas surprenant que ces idées en matière d'urbanisme n'aient pas été réalisées. Nous ne les connaissons, à vrai dire, que par des fragments plus proches des visions futuristes que de la tradition des villes utopiques de la Renaissance.

Cependant, en 1493, Léonard élabore un projet pilote pour la restructuration et l'expansion de Milan. Alors qu'il travaille à ce plan d'urbanisme, il invente des métaphores écologiques telles que la fable de la pierre qui vient de la campagne et se sent mal quand elle se retrouve dans la ville malsaine : « Ainsi advient-il à qui veut abandonner la vie solitaire et contemplative pour venir habiter la ville, parmi des gens d'infinie malignité. » Dans les années 1490, Léonard est officiellement, avec Bramante et Dolcebuono, un des ingénieurs les plus prestigieux de la cour des Sforza. À Vigevano, il s'intéresse aux transformations de la Piazza Ducale et de ses abords, dessine des moulins, s'enthousiasme pour l'architecture hydraulique de la Sforzesca, la ferme ducale. Fruit d'une longue tradition, les connaissances en hydraulique, remarquablement avancées en Lombardie, avaient déjà donné lieu à d'importantes réalisations dans les domaines de l'irrigation et de la bonification des terres, de l'utilisation de l'énergie et de la régulation des cours

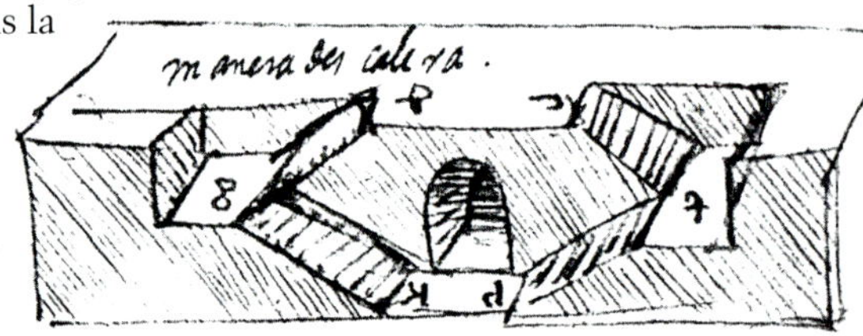

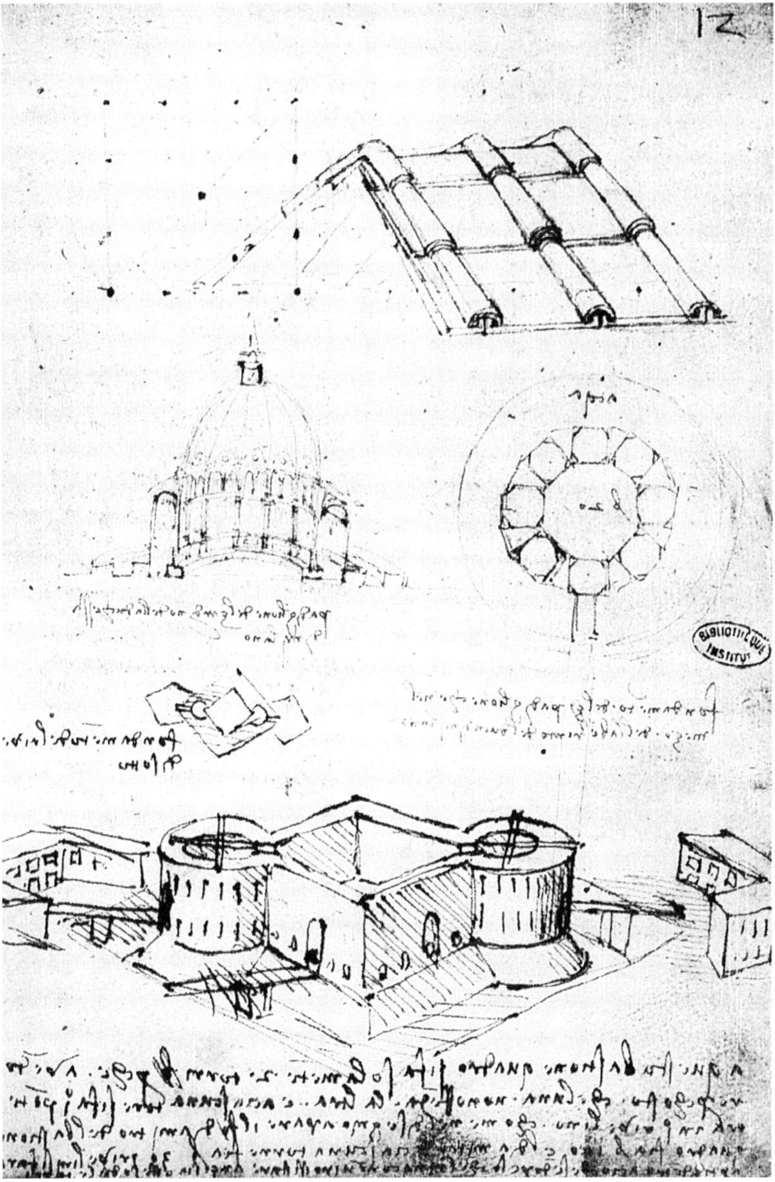

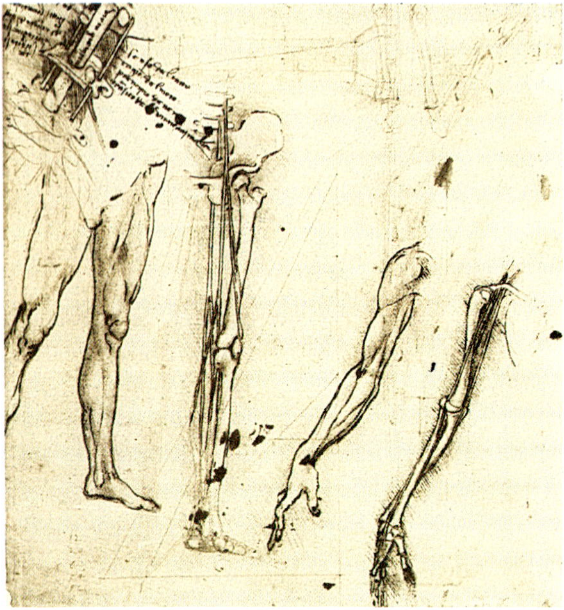

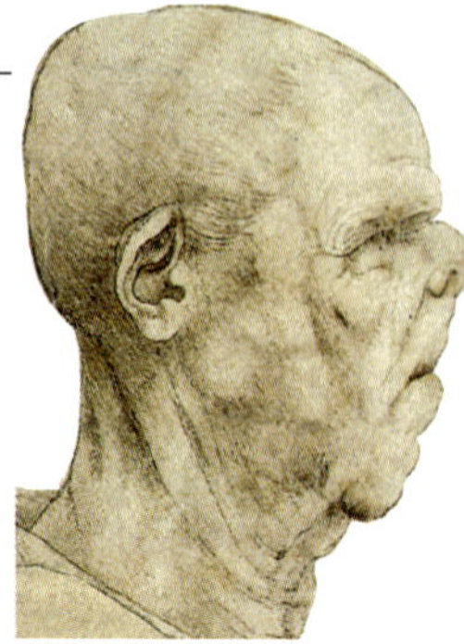

Léonard étudie le squelette et les tendons de l'homme (ci-contre) en même temps que la moelle épinière d'une grenouille (sur le même feuillet, en haut, à gauche) qu'il a disséquée. C'est dans la moelle, écrit-il, que doit se trouver le liquide séminal (la vertu fécondatrice). Il a également cherché à représenter des visages difformes pour caractériser le « laid », se posant ainsi en initiateur de la physiognomonie. Il réussit ainsi à faire des dessins beaux avec des sujets laids.

d'eau avec des systèmes d'écluses et de canaux comme les Navigli ou la Morella, réalisés au temps de Ludovic le More. Léonard étend ses investigations jusqu'à Ivrea en Piémont.

« Le 2 avril 1489, livre intitulé "De la figure humaine" »

À cette époque, Léonard entreprend d'approfondir ses connaissances en anatomie. Il veut comprendre non seulement le fonctionnement du corps mais aussi son essence intime. Il s'interroge sur les « mouvements de l'âme » mais aussi sur ce qu'il appelle les cinq catégories, mentale, temporelle, vitale, sensuelle, et « de l'espèce des choses ». Il veut pénétrer les « causes profondes », creuser les secrets du corps humain. Il jette alors les bases de sa nouvelle « invention », l'anatomie comme art, le dessin anatomique non seulement en relation avec la peinture mais aussi avec l'observation scientifique. Sur ses premières planches, Léonard est étroitement tributaire des préjugés hérités de la tradition et doit souvent réaliser

ses dissections sur des animaux pour se représenter le corps humain. Il ne dessine pas seulement ce qu'il voit mais ce qu'il s'attend à trouver.

Il pense démontrer ainsi que l'âme « n'est pas tout entière répandue par tout le corps comme d'aucuns l'ont cru » et ne peut se trouver qu'au centre du cerveau car « le jugement semble être à l'endroit où tous les sens concourent » et où résident l'imagination, l'intellect et le « sens commun ». Par une de ses surprenantes métaphores hiérarchiques et militaires, il définit l'âme comme le prince servi dans le ventricule central par un capitaine des perceptions sensorielles (c'est-à-dire le sens commun) tandis que les « nerfs avec les muscles » seraient les soldats au service des condottieres. Dans la moelle épinière, les esprits animaux transmettraient les sensations à travers les canaux latéraux et la « puissance générative » par le canal central. Le dessin anatomique de Léonard, déjà d'une incomparable beauté, va formidablement évoluer au cours des vingt-cinq années suivantes.

En février 1491, Galeazzo da Sanseverino organise pour Ludovic le More une grande fête à l'occasion de son mariage avec Béatrice d'Este. Léonard dessine des costumes allégoriques et bizarres tels les « trompetteurs » et les « hommes sauvages » (apparitions monstrueuses, exotiques, barbares...). Cinq ans plus tard, il réalisera un chef-d'œuvre de machinerie théâtrale pour *Danae* de Baldassare Taccone au palais de Giovan Francesco Sanseverino, où l'actrice principale se transforme en étoile (page de gauche, en bas).

Le théâtre des merveilles

Léonard aime le théâtre et la fête : l'art de l'éphémère et du divertissement, des automates et des merveilles est pour lui un champ fabuleux d'expérimentations, où il peut vérifier ses intuitions et ses inventions mécaniques et exprimer ses nouvelles passions pour la littérature, la psychologie, les automatismes, la symbolique. Le 13 janvier 1490, au château des Sforza, il réalise la mise en scène avec machineries de la Fête du Paradis, donnée en l'honneur du mariage d'Isabelle d'Aragon et de Gian Galeazzo Sforza.

Le texte de la représentation, œuvre de Bellincioni, paraît quelque peu rhétorique et de circonstance, tandis que les jeux mécaniques, l'animation des corps célestes, les effets de lumières et les mouvements, les sons et les chants – fruits des inventions de Léonard – frappent les imaginations et éblouissent l'assistance.

Des événements décisifs

En 1494, Charles VIII, roi de France, envahit l'Italie. Il espère conquérir le trône d'Alphonse d'Aragon, roi de Naples (père d'Isabelle, malheureuse belle-sœur de Ludovic le More). Les Médicis sont chassés de

Craignant que Léonard ne parvienne pas à terminer le monument Sforza (ci-dessous), Ludovic le More s'était enquis d'un relais possible auprès d'autres sculpteurs, Filarète et Pollaiuolo. Le 23 avril 1490, Léonard note dans le manuscrit C : « J'ai recommencé le cheval. » Le modèle en terre sera prêt pour la fonderie le 20 décembre 1493. Il mesure plus de 7 mètres de haut.

Florence. L'empereur Maximilien épouse Bianca Maria Sforza, nièce de Ludovic. Il pense tout d'abord tirer avantage de l'expédition du roi de France, mais il prend ensuite le parti de la coalition italienne qui remporte la bataille décisive de Fornovo en 1495. En novembre 1494, Léonard, qui prévoyait de fondre le monument Sforza, voit son travail réduit à néant : tout le bronze qui avait été prévu à cet effet (au moins 60 tonnes) est transféré à Ferrare pour en faire des canons destinés à soutenir Ercole d'Este contre les Français.

L'artiste continue à couvrir des centaines de feuillets de notes et de dessins qui attestent l'évolution de ses conceptions technologiques ; il reçoit également la commande de la fresque de *La Cène* pour le réfectoire de Santa Maria delle Grazie. Il est intéressant de noter que Léonard se laisse désormais aller à ses rêves de fortune : il dessine une machine à aiguiser les aiguilles et prévoit des bénéfices de 60 000 ducats par an... Il persévère dans son étude du latin : c'est une clé indispensable pour accéder aux milieux savants qui pourraient lui être utiles même si, souvent, il les méprise.

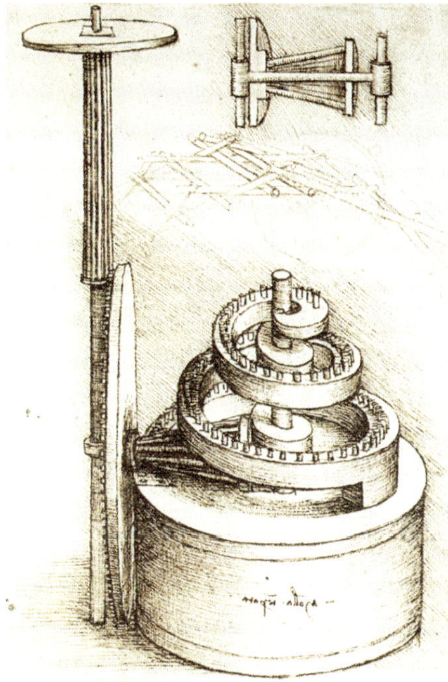

Un fascicule du manuscrit Madrid II de 1493 montre les études pour la fonte du monument Sforza (page de gauche en haut) – de la structure de la forme en positif-négatif à l'utilisation de la terre réfractaire – extraordinaires sur le plan technique et quant à l'anatomie fonctionnelle et à l'intelligibilité visuelle. La vision monumentale de Léonard s'exprime jusque dans le dessin pour le ressort d'une horloge (ci-dessus).

Le temps, la trame, les mécanismes

Les œuvres et les études de Léonard sont nourries d'échanges interdisciplinaires et d'analogies méthodologiques. Dessiner une machine ou esquisser la composition pour un tableau, reproduire l'anatomie du corps humain (le microcosme) ou du « corps » de la terre (le macrocosme) sont pour lui des démarches proches. Pour dessiner les aspects les plus complexes d'un châssis ou d'une horloge, il étudie leurs

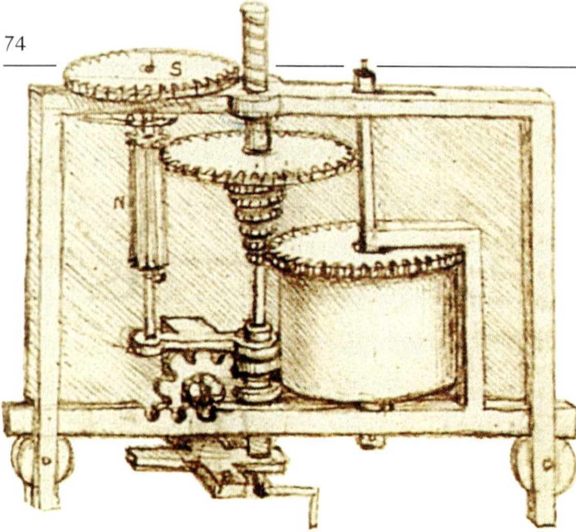

Vers 1495, Léonard étudie les horloges dans leurs moindres détails (ci-contre, un exemple de rouages) : les systèmes de propulsion et de transmission, les engrenages et les cadrans, les contrepoids et les roues dentées, les ressorts et les aiguilles, les volants régulateurs, l'échappement, le balancier. Il précise même qu'il faut « que tout ceci se fasse sans bruit ». Il s'intéresse aux sonneries et aux cloches, dans leur relation avec la musique comme avec l'horlogerie et utilise le « serpent », c'est-à-dire le mécanisme appelé « temps de l'horloge ». Le rébus (ci-dessous) qui représente un faucon (*falcon*) joue aussi sur le temps : « *falcon + tempo* » = *fal[lo] con tempo* (prends ton temps).

mécanismes comme s'il procédait à une dissection anatomique : il décompose chaque élément et recherche l'universel dans le particulier, il observe les mouvements et tous les phénomènes, de la statique de la structure à la dynamique des fonctions. Léonard veut connaître exactement les matériaux et les techniques de construction, les formes élémentaires, les données essentielles et les principes, comprendre les procédés traditionnels pour les transformer. Le « peintre » dessine les nouvelles « machines » d'une utopie scientifique et de cet art total qui annonce un monde nouveau au-delà du réel : le monde de la « poésie » de l'imaginaire technologique.

La détermination avec laquelle Léonard s'applique à l'étude des horloges et des métiers à tisser est très significative. Il y consacre des centaines de notes et d'esquisses, sur lesquelles il élabore des mécanismes à vis perpétuelles, à volants, à hélices et même à pendule. Il étudie l'application de mécanismes proches de ceux des horloges et du pendule aux moulins, aux « machines à faire du vent » et au tour. Il réalise de splendides dessins pour expliquer le mouvement perpétuel par l'absurde : « Ô spéculateur du mouvement perpétuel, combien de vaines chimères avez-vous créées dans cette quête ? Allez occuper la place qui vous revient parmi ceux qui cherchent la pierre philosophale. »

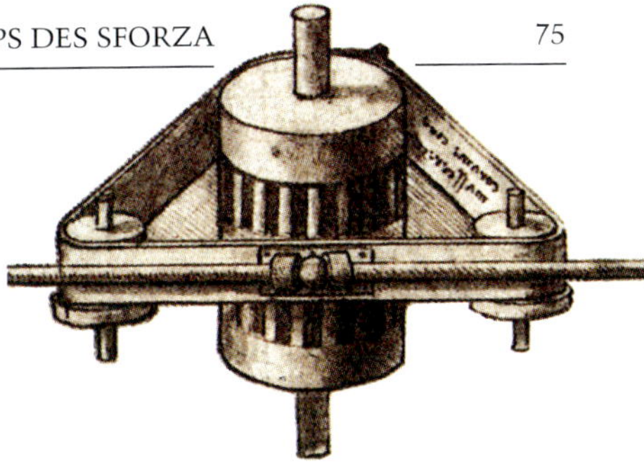

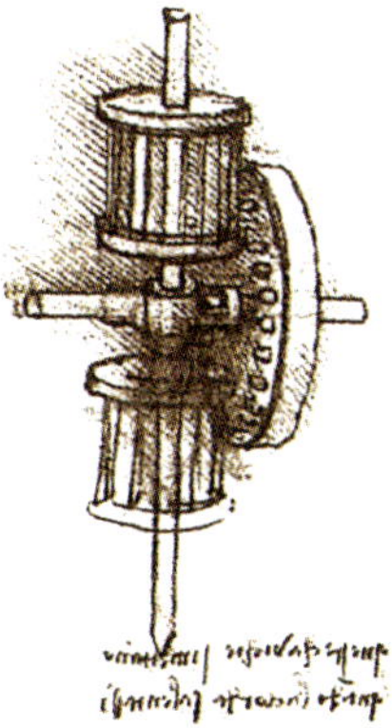

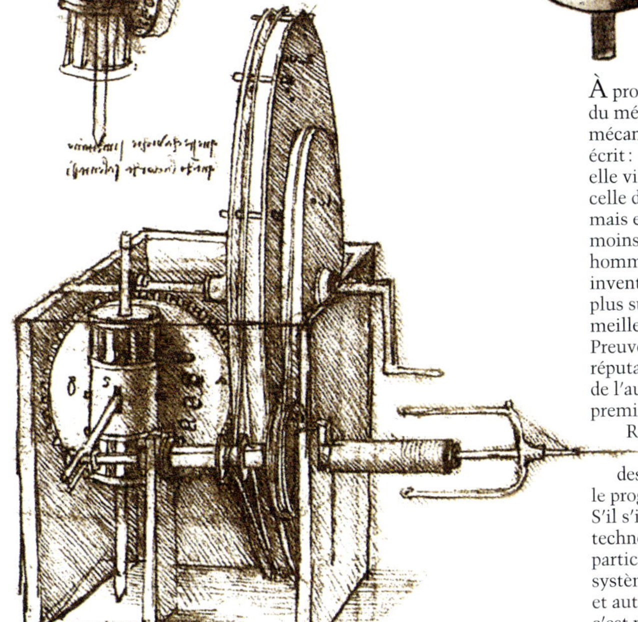

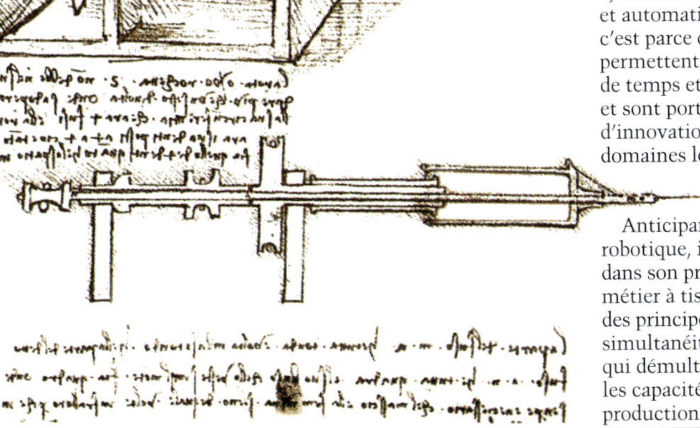

À propos de l'invention du métier à tisser mécanique, Léonard écrit : « En importance, elle vient juste derrière celle de l'imprimerie, mais elle n'est pas moins utile pour les hommes, c'est une invention plus belle et plus subtile, porteuse de meilleurs gains. » Preuve qu'il mérite sa réputation de « prophète de l'automation » et de premier ingénieur de la Renaissance à s'être lancé dans des études « pour le progrès industriel ». S'il s'intéresse à la technologie, en particulier aux systèmes mécaniques et automatiques, c'est parce qu'ils permettent des gains de temps et d'énergie et sont porteurs d'innovations dans les domaines les plus divers de l'activité humaine.

Anticipant la robotique, il introduit dans son projet de métier à tisser des principes de simultanéité et de série qui démultiplient les capacités de production.

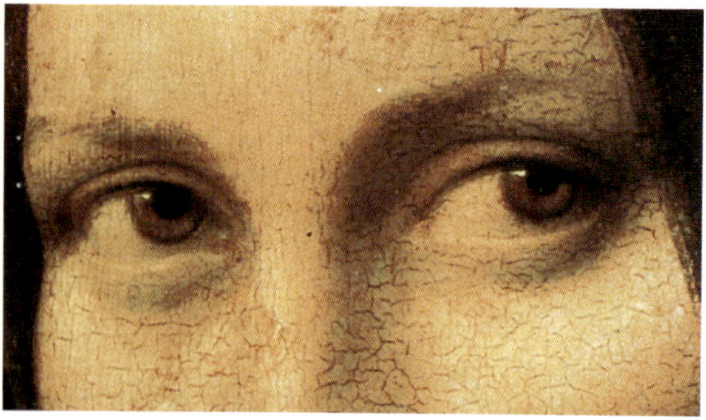

La Belle Ferronnière (ci-contre) est mentionnée dans le *Trésor des merveilles de Fontainebleau* de 1642 comme « portrait d'une dame de Mantoue », œuvre de Léonard. La technique picturale, l'intensité psychologique du visage, du regard en particulier, le raffinement et la vigueur du drapé, l'élégance sculpturale du personnage, le traitement de l'espace, les rapports entre ombres et lumière, les craquelures même plaident en faveur d'une attribution à Léonard, même si l'hypothèse d'un mystérieux alter ego plane encore sur ce tableau.

« La Cène »

Tandis que Léonard poursuit ses réflexions technico-scientifiques, Ludovic le More, proclamé duc de Milan, lui commande *La Cène* dans le cadre de son projet de création, dans le couvent de Santa Maria delle Grazie, d'un mausolée à la gloire des Sforza. Il offre ainsi à l'artiste l'opportunité de réaliser une extraordinaire synthèse de ses conceptions sur la peinture comme « *cosa mentale* » et de ses expériences les plus diverses dans les domaines de l'optique et de l'acoustique, de l'anatomie et de la mécanique. Cette œuvre est le fruit d'un projet précis qui repose sur l'étude préliminaire de la physiognomonie et de la représentation dans l'espace.

La Cène, qui fut l'œuvre de Léonard la plus célébrée par ses contemporains, suscitera les louanges et la convoitise des rois et des empereurs. De Louis XII et François Ier jusqu'à Napoléon Ier, ils tenteront de transporter en France la paroi sur laquelle elle est peinte. Elle fit aussi l'admiration d'artistes tels Rubens et Rembrandt.

La Cène (ci-dessous), achevée en 1498, commence à s'abîmer du vivant même de Léonard. Les interventions des restaurateurs se sont succédé au cours des siècles, jusqu'à couvrir et déformer le dessin de Léonard et dénaturer les valeurs chromatiques de sa peinture. Après de multiples restaurations discutables, le « chef-d'œuvre sans repos » est, depuis les années 1980, l'objet d'une nouvelle intervention pour retrouver le « vrai Léonard ». Ainsi se découvrent des couleurs, ce qui reste des reflets et des transparences, les marques même de la pointe du pinceau.

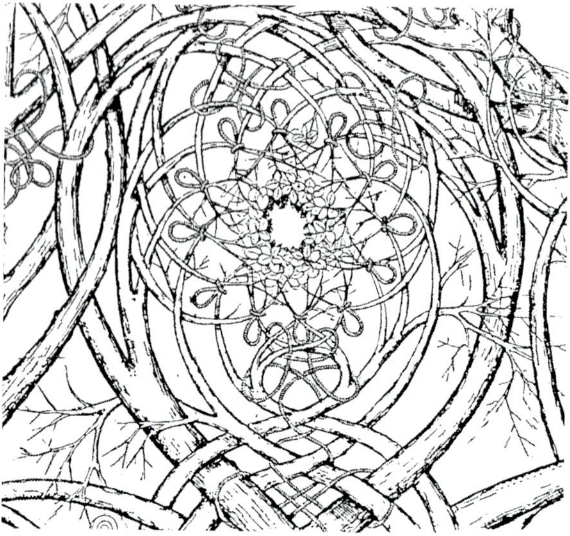

Dans le réfectoire de Santa Maria delle Grazie, Léonard a peint sur les lunettes des guirlandes de feuillages et de fruits avec, au centre, les blasons des Sforza et, dans des médaillons, les portraits des ducs de Milan. Dans la Sala delle Asse du Castello Sforza (ci-contre, une reconstitution graphique et ci-dessous, un détail de la peinture murale), il représente une grandiose et double allégorie : non sans allusions politiques, il entremêle *i vinci* (les joncs) au *gelso*-Moro (le mûrier) des Sforza. En quête d'un emblème pour son *Achademia*, il songe aux fossiles marins (ci-dessous, à gauche).

Le symbolisme des entrelacs

En 1498, Léonard, qui est alors âgé de quarante-six ans, travaille au château des Sforza à la décoration des Camerini, de la Saletta Negra et de la Sala delle Asse, redécouverte en 1893. Il y représente un système complexe d'entrelacs végétaux où se mêlent nature et artifice, emblèmes de Ludovic le More et références à des archétypes tel celui de l'éternel retour. C'est probablement à cette même période que remontent les planches gravées de son *Achademia* (en France, Léonard sera mentionné comme « directeur des peintures du duc de Milan ») sur lesquelles il reprend ces géométries naturalistes sur un mode plus abstrait et en renforce les aspects symboliques, non sans rappeler certains motifs orientalistes ou provenant de l'art celtique.

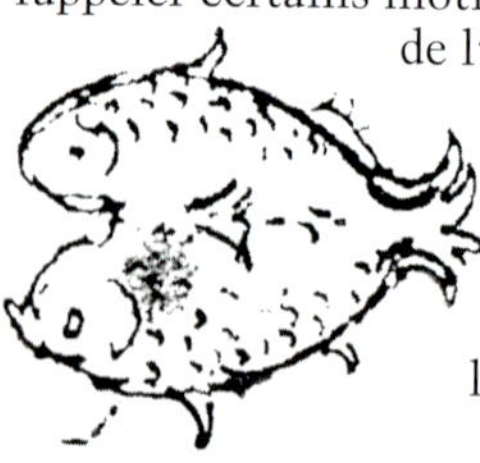

La divine proportion

Les mathématiques et la géométrie qui, comme la musique, « embrassent toutes les choses de l'univers » sont

instinctivement présentes dans l'œuvre de Léonard depuis la jeunesse. Elles vont occuper de plus en plus sa pensée. Il s'applique à leur étude systématique à partir de 1496, lorsque arrive à Milan le Toscan fra Luca Pacioli, accusé de plagier les traités inédits de Piero della Francesca. L'idée de l'absolu et de l'universel fascine Léonard qui affirme : « Que nul ne me lise dans mes principes qui n'est pas mathématicien. » Et il ajoute, faisant sentir l'enthousiasme du néophyte, « apprendre de Messer Luca la multiplication des racines ».

Par distraction il se trompe souvent dans les calculs les plus élémentaires, mais ses résultats dans l'étude de la géométrie sont immédiats, fulgurants. Au bout de seulement quelques mois, il dessine déjà pour Pacioli les polyèdres du *De divina proportione*, qui, dans les compilations des manuscrits des Sforza de Genève et Milan, sont attachés à des cartouches, semblables à ceux de l'*Achademia* de Léonard : ils sont peut-être repris de modèles tridimensionnels, comme ceux pour lesquels la Seigneurie de Florence versera de l'argent à Pacioli en 1504.

Pour illustrer le traité du mathématicien Luca Pacioli, Léonard dessine des polyèdres (ci-dessus) et réinterprète, avec une inspiration naturaliste, l'arbre des « proportions » (ci-contre). Luca Pacioli devient le témoin le plus important du prestige de Léonard à la cour de Milan, digne successeur des peintres et des sculpteurs mythiques de l'Antiquité. Il atteste que Léonard a terminé un « traité de peinture et de mouvements humains » : un traité perdu…

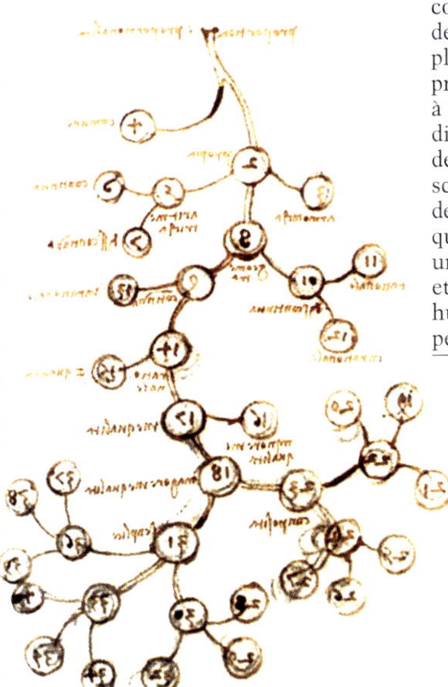

À la chute de Ludovic le More et à l'arrivée des Français, Léonard quitte Milan. Avant de rentrer à Florence, il se rend à Mantoue et Venise. En qualité d'ingénieur militaire de César Borgia, il parcourt la Romagne et les Marches, l'Ombrie et la Toscane... En 1501, un envoyé d'Isabelle d'Este écrit que son « existence est si instable et si incertaine qu'on dirait qu'il vit au jour le jour ». Il le dit « excédé par le pinceau car il travaille ardemment à la géométrie ».

CHAPITRE 4

L'ART ET LA GUERRE

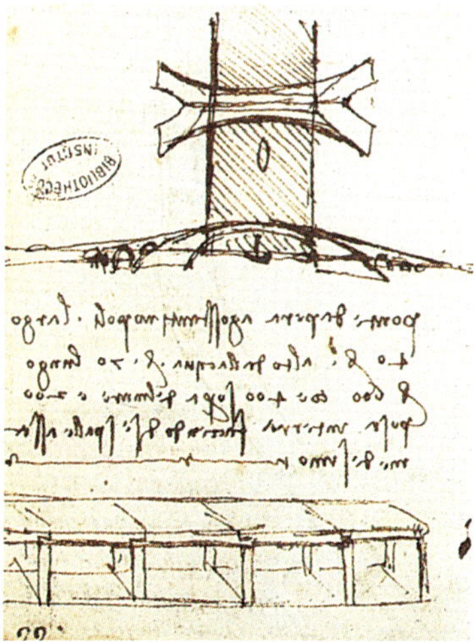

Le thème de la *Sainte Famille avec sainte Anne* sera au cœur de l'œuvre de Léonard entre 1500 et 1517. À gauche, un détail d'un carton consacré à ce sujet et conservé à Londres. L'idée du pont, thème à la fois symbolique et technologique, est chère à Léonard qui projette de relier l'Asie et l'Europe, « de Pera à Constantinople » (à droite).

Dans une lettre du 13 mars 1500, le luthier Gusnasco de Pavie décrit un portrait d'Isabelle d'Este, marquise de Mantoue, que Léonard lui a montré à Venise. En 1501, Isabelle fait demander « une autre esquisse de notre portrait ». Le carton (ci-contre) fut « perforé » pour être reporté afin qu'en soit exécutée une réplique ou une peinture. Les perforations ne correspondent pas exactement au dessin, ce qui laisse penser qu'elles ont été faites par un maître et non pas par un élève. Le profil marqué et la fluidité de certains traits sont parmi les indices qui ont permis de reconnaître le caractère autographe de cette œuvre de Léonard que l'on a parfois voulu attribuer à Boltraffio. Le mauvais état du carton, qui rend difficile la lecture du dessin original, donne au tableau une certaine évanescence, allégeant des aspects discutables et imposant toute la noblesse de l'image. Certaines retouches semblent le fait d'un artiste qui a su ranimer la grâce de l'image.

La chute de Ludovic le More

En 1499, fort de son amitié avec Luca Pacioli et de l'admiration générale qu'a suscitée *La Cène*, Léonard, qui espère pouvoir fondre le monument Sforza, pense consolider sa position à la cour et approfondir ses recherches artistiques et scientifiques. Un an auparavant, Ludovic lui a fait don d'une vigne près de la Porta Vercellina, à Milan.

Quand le roi de France Louis XII, revendiquant ses droits à la succession des Visconti (les anciens ducs de Milan), déclare la guerre aux Sforza, Ludovic le More s'enfuit en Allemagne pour chercher la

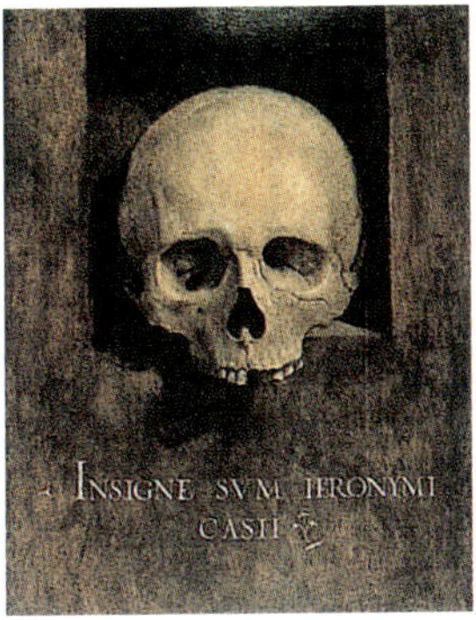

protection de l'empereur Maximilien, son neveu. Léonard est alors occupé à des études de mécanique (« de mouvement et de poids ») et d'hydraulique (tel le dispositif pour le « bain de la duchesse » Isabelle). Mais il a pris soin d'envoyer ses économies à Florence et, lorsqu'il quitte Milan en compagnie de Pacioli, il note, avec un détachement feint, riche de sous-entendus : « Le duc perdit son État, ses biens personnels et sa liberté, et aucune de ses entreprises ne s'est achevée. »

Le *Codex Atlanticus* renferme un mémorandum tout à fait étonnant : Léonard projette un mystérieux voyage au centre de l'Italie avec le conseiller du roi de France, Louis de Ligny, comte de Luxembourg, qu'il a l'intention de retrouver à Rome pour se rendre avec lui à Naples. Sur cette note, écrite à l'envers, de droite à gauche, comme il est naturel pour Léonard, les quatre mots clés sont écrits lisiblement, de gauche à droite. Est-ce pour les rendre plus énigmatiques encore ou pour les mettre en évidence et les rendre compréhensibles à tous ? Il s'agit des objectifs principaux de ce voyage : aller *arroma* (« à Rome », au lieu d'*amorra*) et *annapoli* (« à Naples », au lieu d'*ilopanna*), avec *ligni* (au lieu d'*ingil*), et de se faire confirmer *ladonagione* (« la donation », et non *enoiganodal*). Il note aussi, selon son procédé en miroir cette fois : « Vends ce que tu ne peux emporter ». En réalité, il est probable que le but premier du voyage était Mantoue, auprès

Léonard se trouve à Bologne en même temps que Boltraffio, qui peignait le portrait ci-dessous, orné des initiales C.B. (peut-être Costanza Bertivoglio) et portant au verso l'emblème macabre du poète Gerolamo Casio (à gauche). Casio est l'auteur d'un sonnet pour la *Sainte Anne* de Léonard et de ces vers qu'il dédia en 1525 à l'artiste, jouant sur les mots *vincere* (vaincre) et Vinci : « Nature vaincue par Léonard de Vinci/ Peintre toscan pour tout État excellent/ Poussée par l'envie et sans pitié/ À la Mort, dit va et vainc celui qui m'a vaincue. »

d'Isabelle d'Este qui devient pour lui un point de référence essentiel.

De nécessité vertu

Le début des années 1500 voit Léonard « faire de nécessité vertu » en une sorte de déconcertant ballet de fortunes diverses dans ses relations avec les puissants. Après dix-sept années à la cour des Sforza, le voilà contraint de chercher la protection, l'amitié et les commandes des Français qui ont chassé son grand mécène et assassiné son ami l'architecte Jacopo Andrea da Ferrara, traducteur de Vitruve. Il étudie, pour la République de Venise, des systèmes de défense contre l'invasion des Turcs et fait, dans le même temps, pour le sultan, les plans d'un pont sur le Bosphore reliant la rive européenne à la rive asiatique. À Venise, comme en 1502 à Imola, il revoit son futur mécène et probablement commanditaire de *La Joconde* et d'une *Leda*, Julien de Médicis, qui voudrait reprendre Florence par les armes.

Léonard est sans doute dans la Val di Chiana avec son ami Vitellozzo Vitelli (que César Borgia fera tuer), au moment de la rébellion d'Arezzo contre Florence. Il se rend à Piombino, d'abord comme « familier » de César Borgia (qui a usurpé la principauté de Romagne

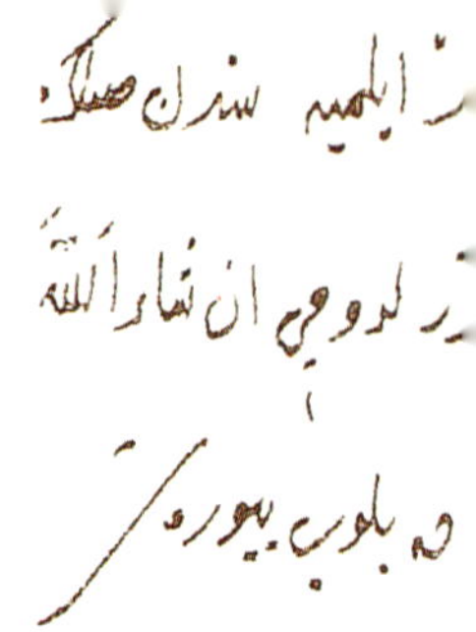

La lettre ci-dessus, destinée au sultan et écrite de Gênes, qui accompagnait les plans de Léonard pour un pont sur le Bosphore et des moulins à vents, a été, par un concours de circonstances extraordinaires, retrouvée à Istanbul. La vue ci-dessous d'Arezzo et de la Val di Chiana est à la fois un paysage et une topographie, une perspective à vol d'oiseau et un relevé d'arpenteur.

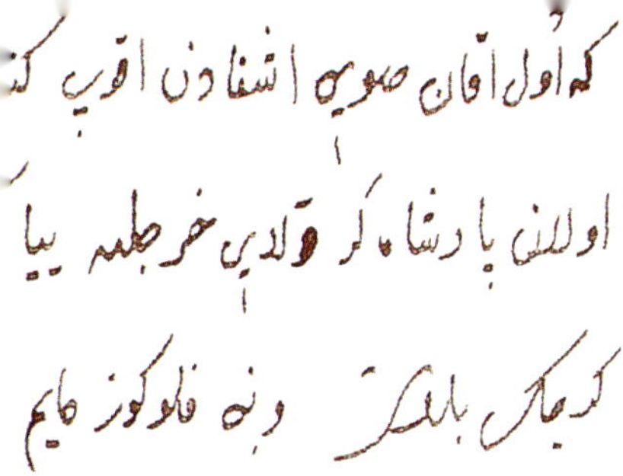

à Jacques IV d'Appiani) puis, après la chute de Borgia, comme envoyé de Florence au service du même Appiani.

À Florence de nouveau

La ville que Léonard retrouve n'est plus celle de Laurent le Magnifique, dont on critique la tyrannie mais dont on regrette l'époque comme un « âge d'or ». La révolution morale de Savonarole a laissé un goût amer. Dans les ateliers de peintres d'où l'effervescence s'en est quelque peu allée, il retrouve ses compagnons. Ghirlandaio est toujours estimé, mais Botticelli est délaissé. Filippino Lippi, qui vingt ans plus tôt avait hérité des deux commandes les plus importantes d'abord confiées à Léonard (le retable pour la chapelle San Bernardo et *L'Adoration des mages*), lui cède une commande pour la Santissima Annunziata ; Léonard commence ses études pour une *Sainte Anne* qu'il ne terminera jamais. Du 24 avril 1500 au 12 mai 1502, Léonard est le plus souvent à Florence, avec quelques intermèdes,

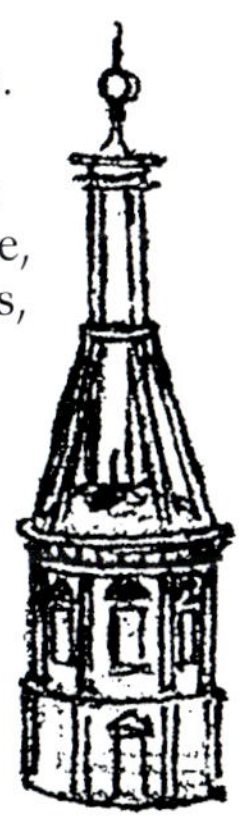

En 1501, Léonard réalise au moins un carton pour le couvent de l'Annunziata dont ser Piero Da Vinci était procurateur et qui jouissait de la protection du marquis de Mantoue. On en connaît aujourd'hui des peintures dérivées (attribuées au Brescianino) et une étude attribuée à Léonard, avec l'inscription « Léonard à l'Annunziata », ainsi que l'étude préliminaire pour *Sainte Anne* conservée à Venise (ci-dessus).

tel le voyage à Rome qu'il évoque dans ses notes sur les moulins sur le Tibre et sur la villa d'Hadrien à Tivoli, à la suite duquel il introduit dans son œuvre de nouvelles références quant au style et aux sujets.

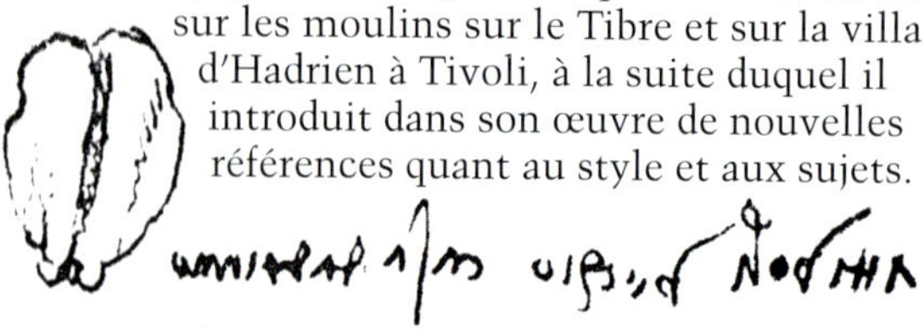

Sans doute à la suite de son voyage à Rome, Léonard s'inspire de la mythologie pour des études comme ce *David* (ci-dessous) et un *Neptune*. À gauche, une note de ce voyage où il dit avoir vu à Tivoli la villa d'Hadrien.

La vie luxueuse de la cour de Milan est bien loin, pourtant Léonard continue à déposer des florins d'or sur son compte à l'hôpital de Santa Maria Nuova. Parmi ses nombreuses activités, il semble avoir à cette époque une prédilection pour celle de consultant. À la demande du marquis de Mantoue, il exécute un relevé des plans de la Villa Tovaglia et propose d'en réaliser une maquette, faisant remarquer que, pour être parfaite, il faudrait qu'elle soit située dans les collines de Florence. On sollicite à diverses reprises son avis pour le campanile de San Miniato, pour la stabilité de San Salvatore a Monte et pour le choix de l'emplacement du *David* de Michel-Ange. Mais sa plus étrange prestation de conseiller sera celle « d'expert en antiquités » lors de l'acquisition, en mai 1502, par Francesco Malatesta, de quatre vases antiques provenant de la collection de Laurent de Médicis et destinés à Isabelle d'Este.

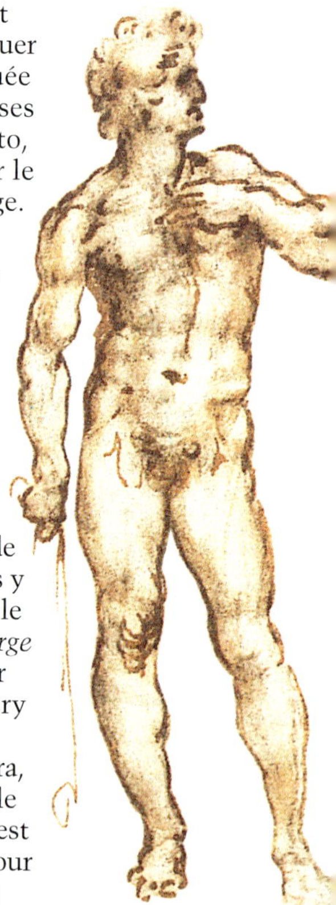

Des correspondances révélatrices

Toutes les lettres des correspondants d'Isabelle, chargés à Florence de demander à Léonard une seconde version de son portrait, recèlent des informations très intéressantes sur les recherches de l'artiste et sur son atelier de peinture. Deux œuvres y sont décrites avec précision : une petite *Madone* et le premier grand carton pour *Sainte Anne avec la Vierge et L'Enfant et l'agneau*, que l'on ne peut identifier comme celui qui est conservé à la National Gallery de Londres ni comme celui décrit par Vasari.

L'un de ces correspondants, fra Pietro da Novellara, note dans sa lettre du 3 avril 1501, en réponse à celle d'Isabelle du 27 mars, que « l'existence de Léonard est si instable et si incertaine qu'on dirait qu'il vit au jour le jour » et ajoute qu'« il met parfois la main à des

portraits que peignent deux de ses élèves ». Léonard « travaille ardemment à la géométrie » et est « excédé par le pinceau ». Dans sa lettre du 14 avril, le religieux confirme à Isabelle d'Este que « ses expérimentations mathématiques l'ont tant distrait de la peinture qu'il ne peut plus souffrir le pinceau » mais qu'il a promis de satisfaire aux attentes de la marquise dès qu'il aura achevé un « petit tableau » pour Florimond Robertet, le secrétaire de Louis XII, *La Madone aux fuseaux*.

Léonard cherche à gagner du temps (mais il s'agit d'un mois, « tout au plus ») en prenant prétexte de son engagement vis-à-vis du roi de France et de sa passion pour les mathématiques. Il est intéressant de noter que tout cela se déroule en quelques jours. Même promptitude face à la demande d'Ercole d'Este, écrite de Ferrare le 19 septembre, au gouvernement français à Milan pour obtenir les moules pour la fonte du monument Sforza. Dès le 24 septembre, l'ambassadeur des Este a déjà une réponse favorable du cardinal de Rouen, qui lui conseille cependant de s'adresser directement à Louis XII. Il n'est pas surprenant que Léonard, qui est à Florence avec Pacioli, continue à se consacrer à ses études d'arithmétique et de géométrie. Sur un feuillet portant des études pour *L'Enfant Jésus jouant avec l'agneau* (probablement de 1501) et

Les enfants en train de jouer (ci-dessus) sont un thème fréquent dans l'œuvre de Léonard, au contenu païen et ésotérique mais aussi théologique dans son rapport avec l'agneau, qui influencera Raphael dans ses diverses versions de la *Sainte Famille* (ci-dessous, détail).

Parmi des dizaines de versions de *La Madone aux fuseaux*, deux surtout semblent avoir été réalisées dans l'atelier de Léonard, d'après les dessins et avec l'intervention du maître (ci-dessus), identiques par leur composition pivotant autour de l'axe des diagonales et par leurs dimensions.

pour un laminoir pour l'or et le plomb, il copie scrupuleusement un extrait de la version latine d'un codex de géométrie de Savasorda (un juif espagnol d'origine arabe que connaissait bien Pacioli). Trois ans plus tard, le poète et humaniste napolitain Pompeo Gaurico écrira, dans son *De Sculptura*, que Léonard est « le plus connu des émules d'Archimède ».

En voyage pour César Borgia

Au printemps 1502, Léonard est à Florence mais il travaille pour les Français et pour les seigneurs de Mantoue. Il a tout juste cinquante ans. Il quitte la ville au cours de l'été suivant. Les arts et les sciences militaires l'appellent au service de César Borgia (le fils du pape Alexandre VI), dit le Valentinois à cause du titre de duc de Valence que lui a accordé le roi de France. César est en train de créer, avec la protection des Français, un État fort en Italie centrale. Il était au côté de Louis XII lors de son entrée triomphale dans Milan et, à cette occasion, a certainement fait la connaissance de Léonard qu'il nomme « très excellent et très cher familier architecte et ingénieur général » par un

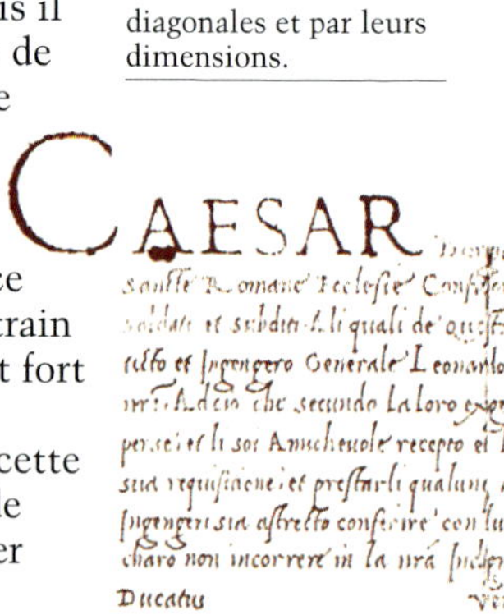

décret en forme de lettre-patente, officialisé à Pavie où le roi de France tient sa cour.

Le Valentinois, qui se nomme lui-même Gonfalonier de la Sainte Église romaine, prince de Romagne et seigneur de Piombino, charge Léonard d'étudier les villes et forteresses de ses domaines et ordonne à tous ses condottieres et ingénieurs de le seconder et de l'aider en hommes et en moyens. La nouvelle charge de Léonard ne déplaît donc pas aux Français, tandis que les Florentins s'efforcent avec Machiavel – grand ami de Léonard – de contrôler les ambitions de conquête de César Borgia et de préserver la liberté de Florence.

Avant le 18 août et dans les mois qui suivent (mais pas au-delà de février 1503), Léonard parcourt l'Émilie-Romagne, les Marches, l'Ombrie et naturellement la Toscane. Ses notes de voyage sont consignées sur un carnet d'à peine 11 centimètres sur 7 (le manuscrit L). Ainsi, le 30 juillet, il dessine un colombier à Urbino où il étudie aussi les escaliers de la Laurana, la chapelle del Perdono de Bramante et fait en quatre pages d'une habileté impressionnante un relevé précis, à la boussole, des fortifications. Les jours suivants, il évoque la bibliothèque de Pesaro. Le 8 août, il étudie l'harmonie musicale des jets d'eau de la fontaine de Rimini; les 10 et 15 août, à Cesena, il signale la foire, note ses réflexions sur l'architecture, griffonne un relevé des remparts qu'il accompagne d'une série de calculs; enfin, le 6 septembre, à 3 heures de l'après-midi, on le retrouve plongé dans des études pour le port de Cesenatico...

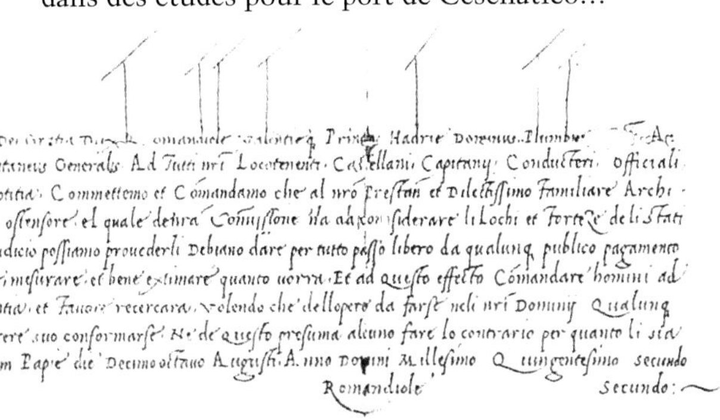

Dans ces deux tableaux de *La Madone aux fuseaux*, les différences sont très nettes dans l'exécution du visage de la Vierge et du paysage. La symbolique du fuseau représente le devenir cosmique; le fil, le destin; la double croix, la passion et l'arbre de vie.

«[Léonard] participa d'une position décisive à la campagne de Borgia (ci-dessus) qui porta le plus impitoyable et déloyal des protagonistes au pouvoir de la Romagne. Pas une ligne de ses notes ne va à l'encontre des événements de ces journées. La comparaison avec Gœthe durant la campagne de France est immédiate.»

Sigmund Freud

Ci-contre, la lettre patente-laissez-passer de César Borgia à Léonard, en août 1502.

La géographie comme art

La *Carte d'Imola* et la *Carte physique de Toscane, Émilie et Romagne* sont parmi les feuillets les plus significatifs de Léonard et les meilleurs exemples d'interaction entre art et « science » du territoire. Ce sont deux essais de compilation qui font la somme des reconnaissances sur le terrain et des recherches de la cartographie existante, des connaissances en géométrie, cosmologie, anatomie et esthétique. La première a l'intensité d'un mandala et semble animée d'une vie grouillante, tel un micro-organisme ; la

Léonard dessine les fortifications comme des géométries fonctionnelles (à gauche, en haut), l'hydrographie de la Toscane (ci-dessus) comme une anatomie de la terre, la carte d'Imola (à gauche, en bas) comme une « machine urbaine » près de laquelle la puissance vitale du fleuve cingle comme un coup de fouet.

seconde évoque les ramifications d'un système de veines, artères et vaisseaux capillaires. Dans la *Carte physique*, Léonard présente une vision originelle et atemporelle, mêlant une topographie poétique à la symbolique de l'infini.

Ces géographies à vol d'oiseau illustrent la suprématie de la connaissance, des perspectives mentales et symboliques et du pouvoir intellectuel et stratégique. Elles rappellent le parallèle que Machiavel établit entre « ceux qui dessinent les pays » et le Prince, « afin de connaître la nature des peuples ».

Le 24 octobre 1503 débute à Florence une nouvelle péripétie dans la vie de Léonard : il reçoit la clé de la salle du Pape à Santa Maria Novella, qui devient l'atelier où il va réaliser le carton de *La Bataille d'Anghiari*, destinée à orner les murs du palais de la Seigneurie. Les documents d'archives et les mémorandums de Léonard, l'historiographie et la légende ont rendu célèbre cette œuvre peinte sur la paroi de la nouvelle salle du Grand Conseil, aujourd'hui perdue.

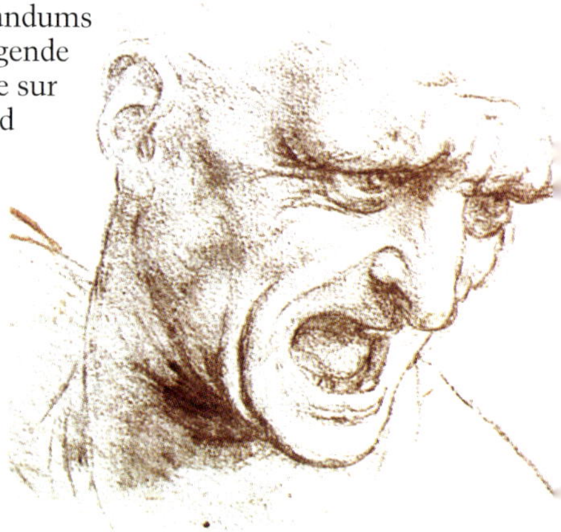

L'École du monde

Le 30 août 1504, par exemple, Léonard reçoit du matériel et des couleurs dans des quantités qui confirment le caractère grandiose de la commande : plus de 7 mètres sur 17. Il doit représenter la victoire que remportèrent en 1440 les Florentins, alliés du pape, sur les Milanais commandés par Niccolò Piccinino. C'est aussi un défi qu'il lance à lui-même, à Florence et à ses rivaux, d'autant plus

que Michel-Ange, qui lui a toujours été hostile, a obtenu la commande d'une peinture de *La Bataille de Cascina* sur la paroi opposée : ensemble ils auraient créé, pour la peinture, « *la scuola del mondo* », un modèle pour les artistes à venir.

Ainsi naît le « groupe de chevaux », nœud de violence et de fureur. La tradition romantique veut que la première partie de la peinture, déjà réalisée sur la paroi de la salle, se soit abîmée au cours d'une des expériences de Léonard : il aurait allumé un feu pour faire sécher la peinture, à la manière antique, les couleurs se seraient altérées, dissolvant le chef-d'œuvre à peine né. On a invoqué aussi la mauvaise qualité du matériel fourni. Quoiqu'il en fût, les documents attestent que la partie centrale de la bataille (*La Lutte pour l'étendard*) est restée visible pendant de nombreuses années ; peut-être d'ailleurs existe-t-elle encore, couverte par les fresques de Vasari, dans le salon des Cinq-Cents.

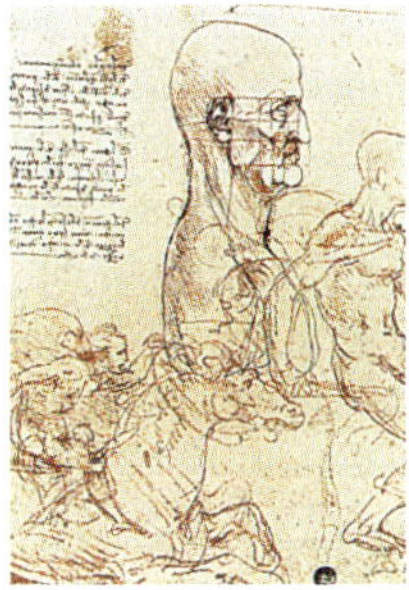

De nombreux dessins et notes de *La Bataille d'Anghiari* de Léonard ont été conservés, telles les trois têtes ci-contre, ainsi que des copies et études d'autres artistes, de Raphaël à Rubens. Ci-dessus, un cavalier de la *Bataille*, superposé à une étude de « proportions humaines ». Le principal témoignage pictural est l'esquisse connue sous le nom de « Tavola Doria » (à gauche), dont on discute l'identification comme « panneau expérimental » de Léonard.

Architecture militaire

Tandis que pour l'architecture religieuse Léonard utilise volontiers l'octogone et qu'en urbanisme il allonge ses plans en fuseau, il se distingue dans l'architecture militaire par l'emploi du cercle, forme idéale et fonctionnelle.

Cependant, sur les feuillets qu'il noircit entre 1502 et 1504, entre la période où il est au côté de César Borgia et son retour à Piombino, apparaît aussi un répertoire singulier d'architectures pyramidales et en étoiles, à degrés, à plan carré et polygonal, ou encore à structures concentriques, mi-spirales mi-labyrinthes. Léonard fait le projet de systèmes défensifs les plus divers, tels des

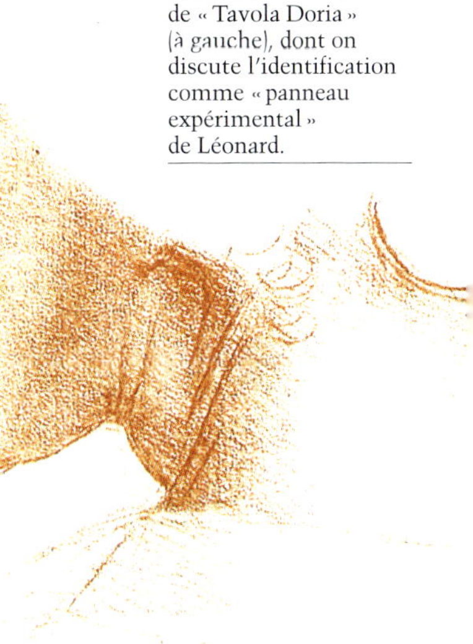

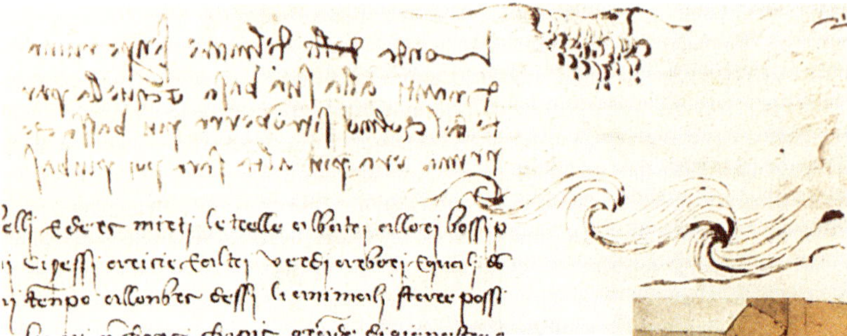

passages inondables ou incendiables et des escaliers secrets pour se prémunir contre les trahisons… Sur un même feuillet, outre les dessins de fortifications circulaires, il prend des notes sur la lune et l'optique, critique les idées de Botticelli sur la perspective dans le paysage, nomme son élève Salaï par trois fois et s'intéresse aux charges des bêtes de somme.

À l'automne 1504, il interrompt à nouveau les travaux pour *La Bataille d'Anghiari* pour se rendre à Piombino. Il note qu'il y travaille le 20 novembre et que le jour d'Ognisanti (la Toussaint) 1504, il a fait « au seigneur de Piombino cette démonstration ». Son premier projet « structuré » consiste en une « route couverte » entre la citadelle préexistante et la tour qu'il a conçue, et en un « fossé à bords droits » entre la nouvelle tour et la « porte » de la ville, en plus d'une tranchée de 380 mètres entre la citadelle et la Rocchetta. Il établit un devis : pour la tour (haute seulement de 20 brasses, avec un diamètre de 25), 585 ducats ; pour l'ensemble, 2099 ducats et 1/16. Sur le même feuillet sont jetées des notes concernant la théorie de la peinture (« Les ténèbres sont la privation de la lumière… ») et de surprenantes observations sur l'ouïe, l'odorat et la vue des chats, par exemple sur leur « puissance visuelle ».

Les notes d'architecture du manuscrit II de Madrid révèlent ses intéressantes relations avec les ingénieurs siennois et florentins (Antonio da Sangallo est à Piombino avec Léonard et intervient dans ses notes sur la navigation à voile). Léonard étudie les traités de Francesco di Giorgio, note ou dessine

À Piombino, devant la mer, étudiant une page de Francesco di Giorgio, Léonard y dessine des vagues (en haut). Ailleurs, les fortifications militaires apparaissent comme des décors métaphysiques, des citadelles idéales ou imaginaires (au centre).

en marge ses réflexions, en copie des passages, les annote et en adapte les dessins à son projet pour le port de Piombino : les tours carrées, les digues en demi-cercle, avec l'ouverture protégée par un « gros mur », les systèmes de construction sur la mer...

Entre Florence et Milan

Dans les premiers mois de 1504, Léonard travaille à *La Bataille d'Anghiari* et reçoit les paiements

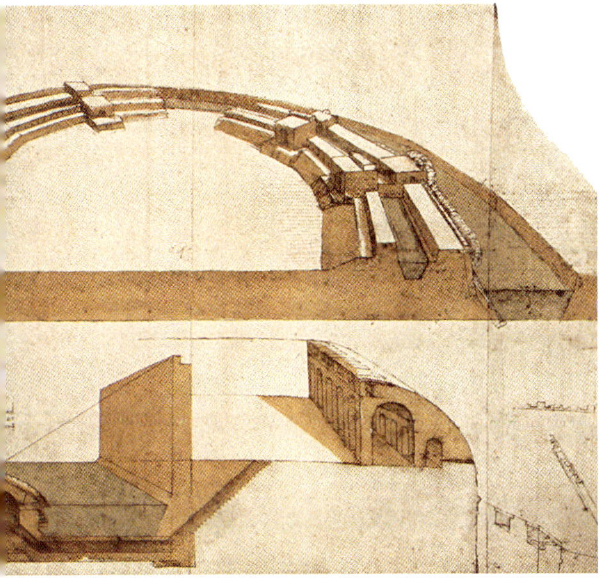

correspondants. À cette même époque, il achète dix-huit « cahiers » pour ses notes et reçoit d'Isabelle d'Este la commande d'un *Christ enfant*, mais ce sera Salaï qui se proposera pour « faire quelque chose de galant » pour la marquise.

Léonard revient à Vinci plus souvent qu'il n'y paraît : il projette de creuser un lac au milieu des collines, étudie le moulin de la Doccia, dessine la ligne des collines du Montalbano, calcule les distances jusqu'à Pise. Sur les mêmes feuillets, il prend des notes sur la manière de broyer les couleurs et dessine une lanterne réglable à « huile de cailloux »

« Ce jour 9 juillet 1504, mercredi à 7 heures, est mort ser Piero Da Vinci, notaire al Palagio del Podesta, mon père, à 7 heures ; il avait quatre-vingts ans. Il laisse dix fils et deux filles. »

La phrase presque bureaucratique (ci-dessus) que note Léonard en écriture « normale » (et non pas inversée) quand son père meurt à Florence n'est froide et détachée qu'en apparence : son insistance à évoquer l'heure du décès trahit son émotion. Ser Piero ne l'inclut pas parmi ses héritiers, mais le mois suivant son oncle Francesco fait de lui son légataire universel.

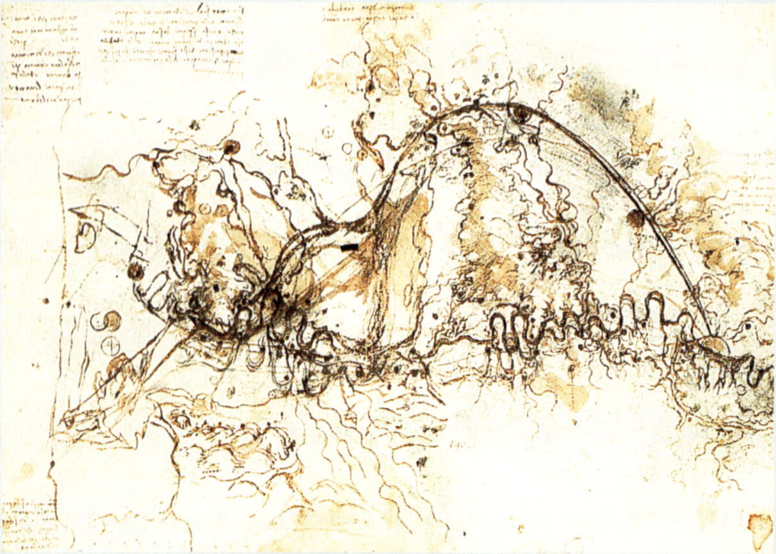

liuorno
pisa
bagno

Avec cet ambitieux projet que Léonard poursuit depuis trente ans, c'est bien de Land Art, de transformation du territoire qu'il s'agit. Léonard songe en effet à un système hydraulique qui desservirait pratiquement tous les centres vitaux de la Toscane, assurant la régulation des eaux, la bonification des terres, l'irrigation et permettant de développer les activités productrices, les transports, le commerce. Sans oublier les applications militaires : ce réseau pourrait servir de défense contre des envahisseurs ou priver Pise (ennemie de Florence) de tout approvisionnement par voie maritime. Les travaux de déviation de l'Arno le plus au large possible de Pise, en deux canaux vers le Stagno (étang) et la mer avec une digue à la Torre ad Fagiano débutent le 22 août 1504, d'après les plans de Léonard et avec le soutien de Machiavel. Mais cette entreprise est vouée à l'échec et à la dérision. Trois études datant de 1503 environ : page de gauche, en haut, une première idée « gestuelle » ; en bas, le territoire de Pise et Livourne ; ci-contre, une « anatomie » de l'Arno près de Florence.

(pétrole) pour peindre. Auparavant, il avait déjà conçu un atelier de peintre avec parois mobiles pour régler la lumière naturelle et un monte-charge pour ranger le tableau à la fin de la journée.

L'arbitrage dans l'affaire de *La Vierge aux rochers* (une commande de 1483) est rendu le 27 avril 1506 : Léonard et Ambrogio de' Predis ont obligation de terminer l'œuvre dans un délai de deux ans. Léonard se trouve alors à Florence, accaparé par *La Bataille d'Anghiari*. Son oncle Amadori (« Alessandro chanoine de Fiesole ») échange une correspondance amicale avec Isabelle d'Este au sujet de « ces figures » qu'elle a commandées à Léonard. Mais le 30 mai 1506, à la demande instante du gouvernement français, Léonard est autorisé à interrompre l'exécution de *La Bataille* pour se rendre à Milan. Il s'engage à revenir avant trois mois, par un contrat qu'il ne respectera pas : le 18 août, une première demande de prolongation de son séjour émane de Charles d'Amboise, gouverneur de Milan, lieutenant du roi et maréchal de France.

Un va-et-vient diplomatique commence alors entre Florentins et Français. Le 14 janvier 1507 enfin, Louis XII fait savoir, depuis la cour de Blois, qu'il souhaite que soit accordé à Léonard le temps nécessaire pour peindre « quelque œuvre de sa main ». Ainsi, le 22 janvier, la Seigneurie de Florence est contrainte d'exprimer à Léonard son accord : « Il n'y a rien d'autre à te dire. » L'artiste semble créer un problème de politique internationale.

S'ouvre alors pour lui une période de déplacements continus entre la Toscane et la Lombardie. En mars, il est à Florence, en mai à Milan, puis de nouveau à Florence et à Vinci : son oncle Francesco, qui a fait de lui son unique héritier, est mort ; ses frères lui disputent l'héritage. Il s'ensuit un long conflit plein de rancœur, où Léonard cherche de puissantes protections. Charles d'Amboise intervient depuis Milan en sa faveur et Florimond Robertet demande à la Seigneurie de Florence de résoudre, au plus tôt et pour le mieux, la question pour laquelle ils ont autorisé Léonard, « peintre du roi », à interrompre « un tableau qui lui [le roi] est très cher ».

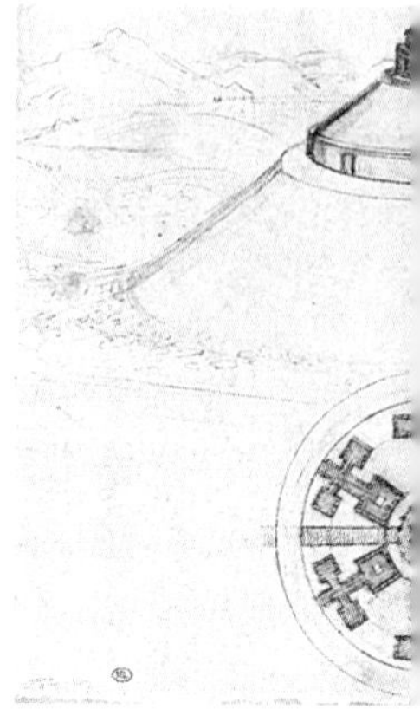

Avant de quitter Florence, Léonard projette une architecture utopique monumentale (ci-dessus) qui fait penser à celle du siècle des Lumières. Ce mausolée s'inspire en fait d'un tumulus étrusque (semblable à celui découvert à Castellina, dans le Chianti, le 29 janvier 1507). La roue symbolique à rayons cruciformes dessinée sur le plan est une « multiplication » de cette tombe et on remarque, en section, les détails du sépulcre. Léonard est à la recherche de formes universelles qui, comme le pensait Palladio pour le Panthéon de Rome, « portent en elles la figure du monde ».

Au début de 1508, Léonard envoie Salaï à Milan : « Je suis presque au terme du litige avec mes frères et je pense être près de vous à Pâques et vous apporter deux Madones de dimensions différentes, commencées pour le roi très chrétien ou pour qui vous voudrez », écrit-il dans le *Codex Atlanticus*. Deux sujets de la période florentine pourraient correspondre à ces tableaux : *La Vierge avec sainte Anne* et

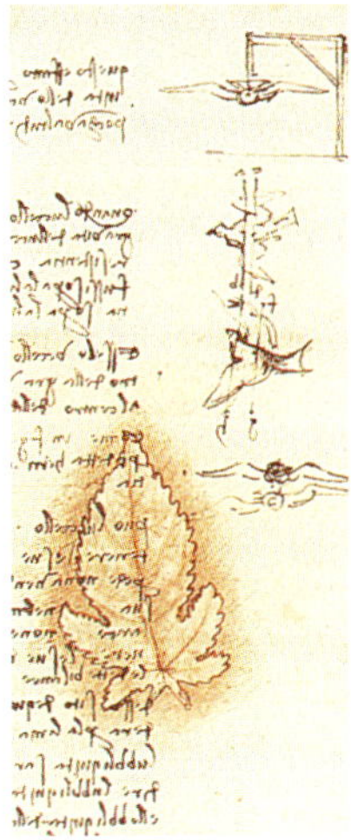

Durant ses excursions, Léonard poursuit ses études de la nature, qui alimentent son *Codex sur le vol des oiseaux* (ci-dessus, un détail) ou ses croquis de fleurs pour Léda. Sur sa *Léda et le cygne* (page suivante), on reconnaît des joncs des marais, un crapaud (symbole de mort), la primevère, la marguerite (preuve d'amour), l'ancolie (amour caché) et le jasmin (hommage d'amour). Il continue à travailler sur le thème de la *Sainte Famille avec sainte Anne*, dont le carton ci-contre a été conservé ; il ne correspond à aucun tableau autographe, mais à des œuvres d'atelier.

La Vierge avec les deux enfants qui jouent. Quelles œuvres Léonard a-t-il commencées pour les Français à Milan ? Dans une lettre qu'il adresse à la Seigneurie de Florence, le 16 décembre 1506, Charles d'Amboise déclare avoir « aimé » Léonard pour ses « ouvrages excellents » avant même de le connaître et que s'il est « déjà célèbre en peinture » il ne l'est pas pour les autres dons qu'il possède, en particulier pour ses « dessins, architectures et autres choses dont nous avions besoin ». Très certainement, les études pour sa villa en font partie. Et le tableau destiné au roi ? Lequel fut « interrompu » à Milan ?

Léonard, Raphaël et la « Manière moderne »

Durant ses années florentines, Léonard influence manifestement les artistes toscans comme Fra Bartolomeo et Andrea del Sarto par sa « suavité » et le traitement du rapport entre espace et lumière. D'ailleurs, certaines œuvres de l'école léonardesque et des interprétations de thèmes de Léonard sont attribuées à Bachiacca, à Franciabigio, à Bugiardini… Vasari atteste que Pontormo (qui n'a alors pas plus de douze ans) devient son élève et voit en Léonard une anticipation du maniérisme. De Sienne à Valence en Espagne,

Sur le thème léonardien de Léda-Némésis et le cygne un vaste répertoire a été conservé : dessins autographes des années 1504-1513, avec Léda à genoux (page de gauche, en bas) ou debout ; copies (comme ce dessin de Raphaël, page de gauche, à droite) et versions d'atelier (ci-contre) ou de diverses écoles, interprétations avec des variantes telle celle de Pontormo (page de gauche, à gauche) ; gravures ; sculptures, citations littéraires... Autour de ce thème, Léonard met en œuvre un puissant mécanisme de synthèse de ses recherches formelles et symboliques, de l'union entre terre et ciel à la conjonction entre eau et feu. Léda est la nature nourricière, la femme, symbole de la fertilité, la mère Terre des origines ; elle est aussi Némésis, fille de la Nuit et sœur de la Mort, symbole de pudeur et de fécondité, qui surgit du marais près de la fontaine de vie ; elle est aimée de Zeus, le père des dieux, métamorphosé en cygne. Des deux œufs, fruits de cette union, naissent les Dioscures (le divin Pollux et le mortel Castor), Hélène et Clytemnestre, symboles de beauté et de vanité.

les disciples de Léonard diffusent sa manière et son répertoire iconographique, de *La Bataille d'Anghiari* aux *Vierges avec les deux enfants qui jouent* ou aux *Madones aux fuseaux*. Raphaël portera une attention extraordinaire à ces œuvres et à d'autres compositions de Léonard ; ses interprétations de *Léda* ou de *La Dame au balcon*, datant sans doute d'avant 1506, n'impliquent pas l'existence de telles œuvres peintes par Léonard jusqu'en 1505, mais simplement d'études si fulgurantes qu'elles impressionnèrent fortement le jeune peintre d'Urbino : on trouve des rapprochements évidents entre la *Joconde* et la *Maddalena Doni*.

En septembre 1508 Léonard, peintre du roi de France, quitte définitivement Florence. Son retour à Milan lui ouvre de nouveaux horizons de réflexion et de recherche : « Je ne m'occuperai pas ici des preuves, lesquelles se démontreront ensuite, lorsque le travail sera mis en ordre ; je m'occuperai seulement de trouver des problèmes et des inventions [...]. Ne ris pas de moi, lecteur, si ici on fait de grands sauts de matière en matière. »

CHAPITRE 5

MILAN, ROME, AMBOISE

“Léonard de Vinci, miroir profond et sombre, / Où des anges charmants, avec un doux souris / Tout chargé de mystère, apparaissent à l'ombre / Des glaciers et des pins.”

Baudelaire, *Les Fleurs du mal*

Un mythe s'est construit autour de l'artiste présenté comme un vieux sage, presque un mage, mi-Platon, mi-Faust. À gauche, l'autoportrait le plus probablement authentique, daté vers 1515 (Léonard a alors 63 ans). À droite, *La Jeune Fille qui indique l'au-delà du visible.*

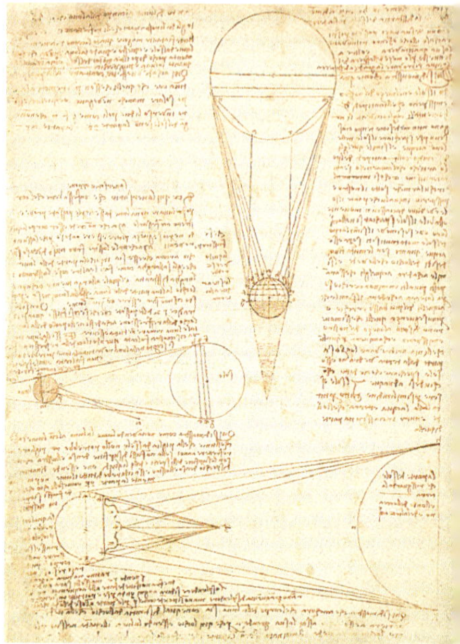

Dans le *Codex Leicester*, Léonard étudie l'astronomie, avec des intuitions originales, tel le halo de la nouvelle lune.

Le 22 mars 1508, Léonard habite encore à Florence, « dans la maison de Piero di Braccio Martelli », avec le sculpteur Giovan Francesco Rustici qu'il conseille dans la réalisation de trois bronzes destinés au Baptistère (*La Prédication de saint Jean-Baptiste*). Il commence à rassembler ses notes pour un ouvrage qui formera une partie du *Codex Arundel*: « Ceci sera un recueil sans ordre, fruit de nombreux feuillets que j'ai copiés avec l'espoir de les classer. »

Des manuscrits élaborés comme des hypertextes

À cette période il expose dans une note sa méthode, mais aussi ses appréhensions, ses doutes, ses scrupules: « Occupe-toi demain de toutes ces matières, copie-les, puis marques les originaux d'un signe et laisse-les à Florence, en sorte que si tu perds ce que tu emportes avec toi, l'invention ne soit pas perdue. »

Le 12 septembre, à Milan, il ouvre le manuscrit F par des notes d'astronomie, d'optique, une théorie des ombres, des observations de géologie, d'hydraulique, des réflexions sur le vol des oiseaux auxquelles il mêle des références à Alberti et à Vitruve.

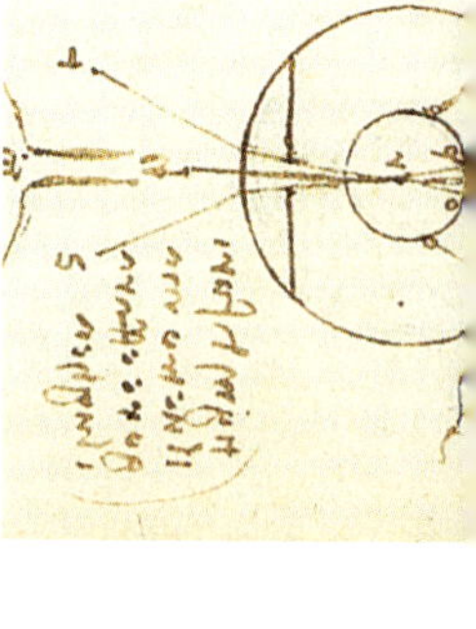

Le *Codex Leicester*, un manuscrit de la période de transition entre Florence et Milan, est fondamental pour connaître la méthode de compilation de Léonard: il recueille notes et réflexions éparses, souvenirs autobiographiques, citations de sources antiques et contemporaines, renvois à ses autres codex, extraits de ses autres livres ou carnets; il les assemble avec des observations, des remises en cause et des jugements, des comptes rendus de discussions et de nouvelles expériences, se proposant de composer un nouveau corpus systématique et définitif. Il procède par hypothèses et interrogations. Les retours en arrière, les soulignés, ajouts et ratures qui interrompent le flux des phrases attestent de l'extraordinaire instantanéité de l'écriture et des dessins.

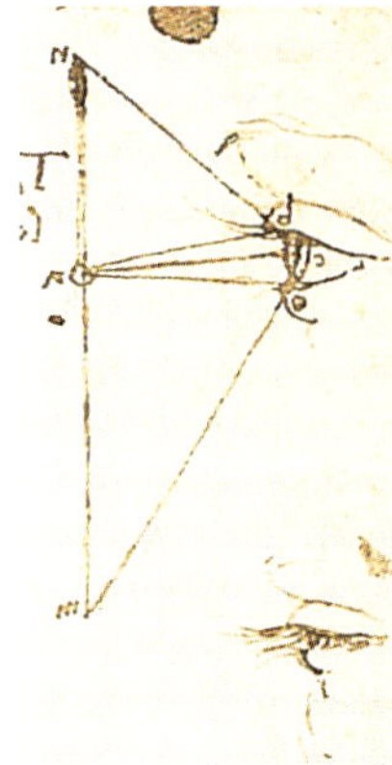

Léonard se livre à toutes sortes d'expériences sur l'œil et les rayons lumineux (ci-dessus). Il met au point des chambres optiques, il place une aiguille ou une paille fine à des distances précises d'un carton perforé, puis imagine des systèmes complexes d'intersection et de réfraction à l'aide de lentilles, de boules de verre (en bas, à gauche) et de miroirs pour simuler la structure et les fonctions de l'œil. Sans avoir une idée exacte du rôle de la rétine ni saisir le phénomène d'inversion des images, il a une remarquable intuition lorsqu'il note que « le sens commun » ne transmet pas des images exactes à l'intellect. Il applique à sa peinture ses observations sur les anamorphoses, les perspectives composites et la variété des formes apparentes.

Le peintre et l'optique : « Ici se montre l'expérience qui engendre la certitude »

L'optique est au centre des questionnements de Léonard sur la théorie et la pratique de la peinture. Il s'y intéresse dès 1490, dans le manuscrit C, et s'y attelle à nouveau à l'époque de *La Bataille d'Anghiari*, notamment, dans le manuscrit D, sans doute des années 1508-1509. Pour lui, « la peinture est en connexion avec les dix attributs de la vue : obscurité, clarté, matière, couleur, forme, position, éloignement, proximité, mouvement et repos ».

L'œil aussi est un instrument géométrique « selon les lois mathématiques », qu'il veut connaître en reprenant l'étude, à partir de son expérience directe, des sources traditionnelles : Galien, Avicenne, Al-Hazin, Bacon, Pecham, Witelo, Ghiberti enfin et Alberti. Tout comme Alberti, même lorsqu'il en met en discussion la validité, Léonard attribue une importance primordiale à la théorie de la pyramide visuelle à partir du rayon central, en axe avec le centre de la pupille. Il applique cette vision en perspective et pyramidale à nombre de ses réflexions concernant la lumière, la couleur, le son, la gravité… Le point de fuite en perspective coïncide-t-il avec le point de silence en acoustique ?

Dans ses premières études, il accepte l'idée des anciens que l'œil voit grâce à l'émission de « fusées visuelles » en direction des objets. Par la suite, il partage la conception médiévale selon laquelle l'œil reçoit des rayons de lumière comme des particules émises par les objets. Enfin, dans le manuscrit D, il affirme que « la vertu visuelle ne se réduit pas à un point, comme disent les peintres de perspective » et, dans le manuscrit F qu'elle est « étendue sur toute la pupille de l'œil ».

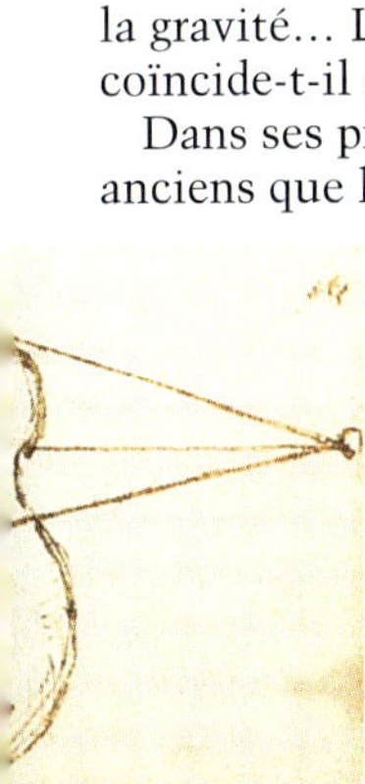

La mécanique de l'Univers

L'analyse des forces, du poids et du mouvement, de l'inertie, de l'équilibre et du principe de la balance offre à Léonard des exemples de mécanique de l'univers et de cette harmonie des proportions qu'il applique à la musique comme à l'architecture et à ses exercices d'observation. En étudiant la statique et la dynamique, il réexamine les théories de la Grèce antique et celles du Moyen Âge. Dans le manuscrit I, lorsqu'il demande « Quelle est la cause du mouvement ? Qu'est-ce que l'impulsion et qu'est-ce que la percussion ? », il révèle ses premières sources classiques. Prenant pour exemple « le poids d'un grain de poussière », il renouvelle son admonition : « Ne vous fiez pas aux auteurs » et conclut que « les expériences sont trompeuses pour qui leur demande des choses qui ne sont pas en leur pouvoir ».

Avant 1500, Léonard discute Aristote et critique Albert de Saxe, reprend un moment les conceptions de la fin du Moyen Âge, celles de Buridan et d'Oresme, fait la connaissance du Milanais Marliani pour finir par revenir, vers 1508, à Aristote et aux penseurs de l'Antiquité classique, s'attachant peut-être à distinguer les valeurs des Anciens des imitations diffusées par leurs vulgarisateurs.

Léonard étudie les forces et l'équilibre dans des esquisses quasi sténographiques (ci-dessus) et donne à ses fontaines et à ses lanternes (en bas à gauche) des allures de maquettes animées pour des architectures monumentales.

Les jardins des délices

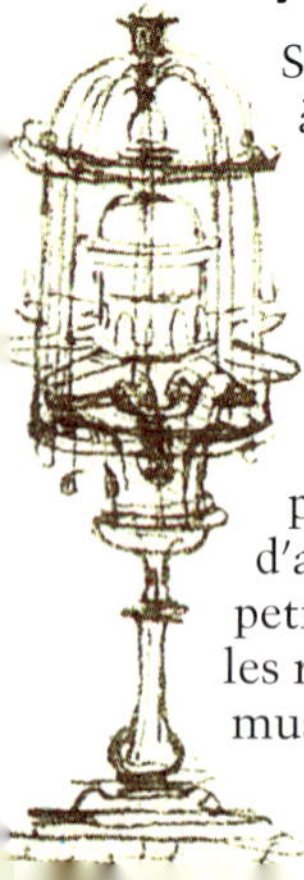

Son projet de villa pour Charles d'Amboise à San Babila donne à Léonard l'occasion d'aborder le thème des « jeux d'eau » et des « jardins des merveilles ». Il s'inspire des fontaines célèbres des Anciens, comme celle d'Héron d'Alexandrie, et puise dans les codex des ingénieurs siennois Taccola et Francesco di Giorgio. Dans l'un de ses projets, il décrit toutes sortes d'effets et d'astuces, du rafraîchissoir pour le vin aux petits jets d'eau jaillissant à l'improviste sous les robes des dames, des instruments de musique actionnés par des moulins

Cette petite peinture (ci-contre) a été identifiée comme la « Jeune fille échevelée, ébauche, œuvre de Léonard de Vinci », mentionnée dans l'inventaire des Gonzague de 1627. En partie « dessinée » au pinceau, en partie « éclairée de blanc de céruse » sur bois non préparé, au contraire des autres peintures, c'est la seule œuvre où Léonard improvise.

hydrauliques au concert de parfums naturels. Le jardin serait recouvert d'un très fin treillis en cuivre retenant des oiseaux de toutes espèces. Ces idées présentent de surprenantes similitudes avec les inventions du jardin des Médicis à Pratolino. Léonard dessine également pour la villa de Charles d'Amboise une colossale horloge hydraulique avec un automate qui sonne les heures.

Il décrit un jardin fantastique, où les inventions mêlent nature et artifice, dans son projet pour « le site de Vénus », qu'il met en rapport avec l'île de Chypre. Peut-être songe-t-il au décor « d'histoires de bacchantes, de satyres, de faunes, et de choses sauvages » que l'archevêque de Chypre, un Aldobrandini, demandera en 1516 à Perin del Vaga pour son jardin romain.

De l'étreinte de Jésus et de Jean-Baptiste, thème inspiré des Évangiles apocryphes, mêlant le sacré et l'ésotérique, on connaît de nombreuses versions par des peintres léonardesques (de Marco d'Oggioni, avant 1513, aux Flamands) mais aucune de la main de Léonard. Cette peinture sur bois (ci-dessus), inédite, laisse entrevoir, malgré les repeints, de grandes qualités. Il existe aussi diverses versions d'école du *Salvator Mundi* au geste bénissant (ci-dessous, la plus significative et détail page 111), pour lequel des dessins autographes ont été conservés.

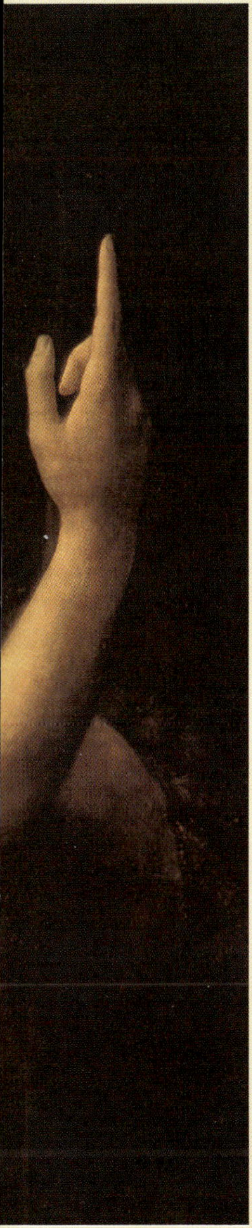

Après la *Vierge aux rochers*, Léonard reprend et accentue l'effet d'aura magique et irréaliste qui en émane dans divers thèmes picturaux fondamentaux, mi-sacrés mi-dyonisiaques.
Le pathos de *L'Adoration* et de *La Cène* est loin : ce sont maintenant des apparitions hiératiques et ambiguës, inquiétantes, lourdes d'allusions ; le geste indique l'au-delà du visible, projetant une énergie charismatique et mystérieuse.
Le *Bacchus* (à gauche, en haut et en bas) était à l'origine un *Saint Jean Baptiste dans le désert*, retouché au XVIIe siècle.
Un autre *Saint Jean Baptiste* (au centre), autographe, a inspiré au XIXe siècle la poésie du décadentisme par son caractère ésotérique et androgyne, voire « diabolique ».
C'est le sommet de la poétique léonardienne de l'énigme. *L'Ange de l'Annonciation*, réinterprété par un élève sur le dessin de Léonard, doté d'un membre viril, montre enfin le « sexe des anges ».
Au verso, quelques mots en grec, indubitablement de la main de Léonard, à propos de la représentation de l'invisible.

Le monument de Trivulzio

Sur un feuillet du *Codex Atlanticus* figure un devis de Léonard pour le « Sépulcre de Messer Giovanni Jacomo da Trevulzo », qui se monte à 3 046 ducats. Ce document a permis de distinguer, parmi les projets qui avaient été dessinés vingt ans plus tôt pour le monument Sforza, une série d'études qui correspondraient en fait au testament de Gian Giacomo Trivulzio destinant 4 000 ducats à l'édification de son monument funéraire à San Nazaro à Milan. Adversaire dès 1488 de Ludovic le More dont il avait ensuite favorisé la chute, Gian Giacomo Trivulzio s'était vu alors conférer le titre de maréchal de France, marquis de Vigevano et seigneur de Milan. Le titre était ensuite revenu à Charles d'Amboise (avec lequel il ne fut pas en bons termes). À dater des années 1508-1511, les dessins de Léonard montrent le projet d'ensemble qui comporte des colonnes avec des « prisonniers enchaînés » (comme dans le monument de Michel-Ange à Jules II) : c'est pour

Plusieurs études pour un monument équestre montrent un cheval se cabrant, tel le bronze ou le dessin ci-dessous. D'autres, comme ci-dessus, présentent un cheval au pas, sous le sabot duquel on remarque la tortue, évocation des Médicis, et un vase qui déverse de l'eau en une source destinée à exorciser la mort.

lui l'occasion de reprendre, même en dimensions réduites, l'idée du monument équestre pour les Sforza.

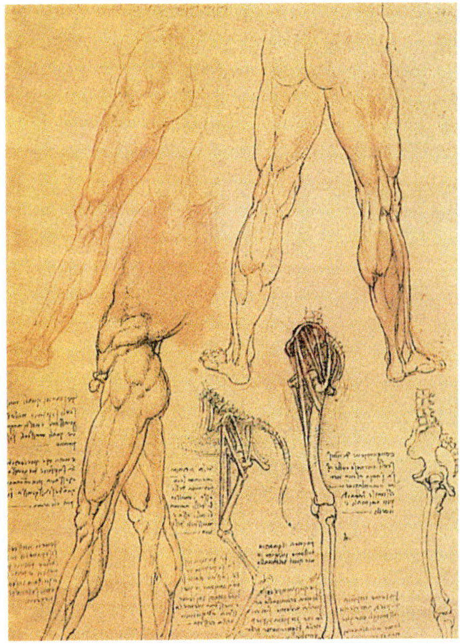

La contribution de Marcantonio della Torre, docteur en anatomie à l'université de Pavie, dans les études anatomiques de Léonard fut sans aucun doute d'importance. Les extraordinaires dessins des membres de l'homme et du cheval (ci-dessus), ou encore des ramifications pulmonaires et des veines, établissant des analogies avec les arbres et les fleuves, ont dû faire l'admiration de Marcantonio della Torre.

L'anatomie en trois dimensions

Durant l'hiver 1510, Léonard compte finir sa nouvelle série d'études anatomiques qui représente une inversion de tendance et une nette évolution par rapport aux dessins de 1489. Faisant prévaloir l'exactitude de l'observation directe sur toute déduction ou parti pris, il ne se borne pas à une vision simple : il procède comme s'il s'agissait de filmer un objet tridimensionnel en tournant autour, de montrer les phases d'une décomposition progressive de la machine humaine, avec des vues en coupe et des séquences pour lesquelles il ôte certaines parties ou organes pour mieux dévoiler l'« armature » du squelette ou, à l'inverse, conserve l'enveloppe musculaire pour mettre en évidence la structure et les composantes du corps-machine.

Visuellement, ces planches, qui font interférer selon un processus analytique les préoccupations esthétiques et la quintessence « scientifique », donnent l'impression d'une formidable modernité. Les fragments d'écriture en miroir contribuent à l'effet artistique et même les « choses monstrueuses » expriment une suprême beauté. Les trois angles visuels préétablis par l'artiste deviennent huit points de vue, se font artifice logique, séquentiel, rythmique, presque « photodynamique ». Mais, quand le spectateur regarde le dessin, son œil transgresse « naturellement » les règles de la géométrie pour trouver les positions les plus utiles, recréant une vision idéale. L'incomparable qualité figurative des études anatomiques de Léonard dépasse toutes ses théories : « Plus ta description [verbale] sera minutieuse, plus tu embrouilleras l'esprit du lecteur. »

De la Valtellina à Vaprio d'Adda

Léonard étudie le territoire lombard, en particulier l'hydrographie des canaux de San Cristofano et de la Martesana, du lac d'Iseo, de la rivière Oglio, et surtout de l'Adda aux Tre Corni, à Trezzo et à Vaprio, où il est l'hôte de la villa Melzi pour laquelle il conçoit un projet d'agrandissement. Il réalise des cartographies des abords de Bergame et Brescia, de la Valtellina jusqu'aux « confins d'Italie ». Il mesure les dénivellations des lacs de la Brianza, cherche de nouvelles voies de communication plus aisées entre Milan et la France, par exemple grâce au fleuve Lambro et au lac de Côme. Léonard conçoit des projets audacieux avec des digues et des canaux couverts, estimant même à l'avance les gains possibles, comme au temps de la déviation de l'Arno. François Ier financera effectivement après 1516 un projet pour rendre l'Adda navigable, qui sera réalisé à la fin du XVIe siècle. Ce n'était donc pas une folie !

L'image du bac de Vaprio (ci-dessus), qui relie la ville à Canonica, est d'une simplicité et d'une vraisemblance extraordinaires, jusque dans les détails.

1513 : au Belvédère du Vatican

En 1511 Léonard observe les incendies provoqués à Desio par les milices suisses qui, l'année suivante, porteront Massimiliano Sforza, fils de Ludovic le More, au pouvoir à Milan. Les Français se retirent définitivement en septembre 1513. Malgré ses liens passés avec les Sforza, Léonard est considéré comme compromis au service du roi de France. À Florence, la Sainte Ligue ramène au pouvoir Julien de Médicis (autrefois allié des Français et ami de Léonard), avant de faire élire pape, au mois de mars 1513, le cardinal Jean de Médicis sous le nom de Léon X. Ser Giuliano

Da Vinci, frère de Léonard, collaborera avec des artistes comme Pontormo et Andrea del Sarto à la mise en scène des festivités grandioses que Florence organisera en l'honneur du nouveau pape. Le 24 septembre 1513 Léonard quitte Milan pour Rome, en compagnie de Francesco Melzi, Salaï, Lorenzo et « il Fanfoïa ».

Dès le mois de décembre son nouveau protecteur, Julien le Magnifique, connaisseur des arts et des sciences, lui procure un atelier au Belvédère du Vatican – les fils de Laurent de Médicis semblent lui offrir enfin les opportunités que leur père ne lui avait pas concédées trente-deux ans auparavant. Il y retrouve le musicien Atalante Migliorotti, alors intendant du chantier de Saint-Pierre, de nombreux amis et disciples, tels Bramante ou Cesare da Sesto, mais aussi Raphaël. Il y a aussi son rival Michel-Ange, qui est en train de peindre *Le Déluge* sur la voûte de la Chapelle Sixtine; il est certain qu'il supporte difficilement sa présence: ses conceptions en matière de peinture et de dessin des phénomènes de la nature (où se mélangent symbolique et psychologie), qu'il précise alors dans ses notes sur « la manière dont il faut décrire une tempête » ou représenter un Déluge, sont radicalement différentes.

L'allégorie du Mensonge est le thème choisi par Léonard pour ce camée (ci-dessus). Dans *L'Ouragan apocalyptique* (au centre), il expose une « théorie des catastrophes » différente de l'extrême chaos mécaniciste de ses autres Déluges. Au milieu des trompettes, anges et divinités « résonne » le fracas des trombes d'eau, la fureur des éléments arrache les arbres, jette à terre les cavaliers; les personnages désarçonnés sont comme des Hercule enfant et ceux sur la droite nous rappellent les jumeaux qui sortent « en vis » des œufs de *Léda*.

« Antiquailles » et innovations

Léonard est alors immergé dans l'Antiquité et la mythologie. Il dessine l'*Ariane* du Belvédère, étudie les bas-reliefs antiques avec des nymphes dansantes, décrit les ruines des monuments impériaux, esquisse la célèbre Bocca della Verità sur le feuillet où il représente, en forme de camée, des allégories du Mensonge masqué par le soleil de la Vérité.

On lui attribue même la restauration de la sculpture antique du *Nil* dont les putti rappellent ceux représentés dans *Léda et le cygne*.

Il poursuit également ses recherches scientifiques, d'esthétique, de mécanique, consacre une étude à des machines pour battre la monnaie, s'intéresse encore aux compas, aux coquillages fossiles trouvés au Monte Mario.

C'est aussi une période où ses dessins technologiques en trois dimensions – telle la roue en forme de couronne ou les machines à tresser des cordages ou pour travailler les métaux – évoluent tant par la technique du trait que par l'épuration jusqu'à l'abstraction des volumes et des formes géométriques.

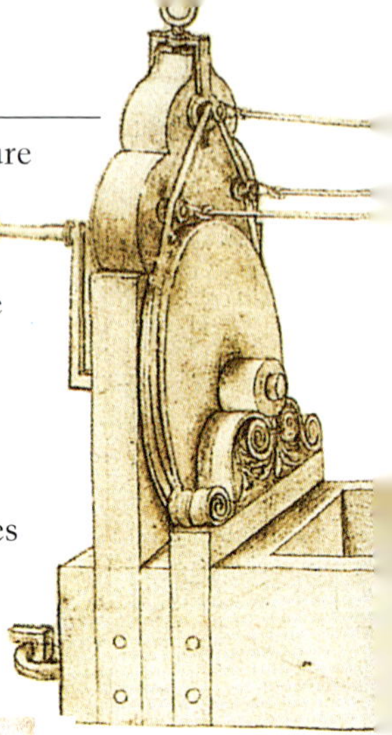

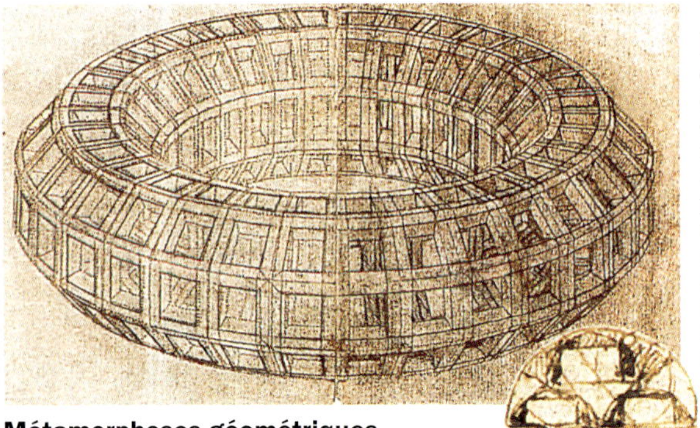

Métamorphoses géométriques

Pour représenter cette couronne à 256 faces (ci-contre), Léonard en dessine d'abord la moitié puis redouble son schéma en perforant le papier. La machine à fabriquer les cordes (ci-dessus) a un aspect très décoratif. La tréfileuse pour barres de métal (en bas, à droite) utilise une turbine,

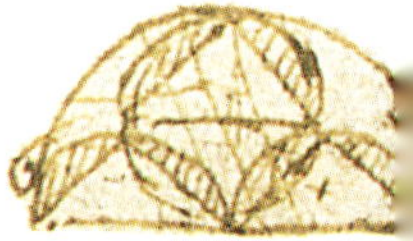

marquant une évolution par rapport au système des moulins. Ci-dessus, trois lunules du feuillet avec la note : « *Li medici* m'ont créé et m'ont détruit. »

Le 7 juillet 1514 Léonard se trouve « à 23 heures » dans son atelier du Belvédère en train d'achever un de ses jeux géométriques. Il étudie alors les lunules et leur superficie, ainsi que la quadrature du cercle, établit des relations entre ces questions de géométrie et ses vérifications sur les « transmutations des corps métalliques » et les métamorphoses d'une masse à modeler (une pyramide ou encore un cube ou un cylindre de cire). Le concept de transformation le passionne constamment, par exemple l'énergie hydraulique muée en énergie éolienne par l'action d'un soufflet ou la transformation du mouvement alternatif en mouvement continu, comme dans les

machines pour soulever des poids, ou, à l'inverse, dans celles pour polir les lentilles.

Léonard applique ses études géométriques à l'anatomie, aux valvules cardiaques (en demi-lune, à trois pointes) et établit des rapports entre les transformations géométriques et les lois mécaniques.

Il s'est toujours enthousiasmé pour ses « inventions » mathématiques. À l'intérieur d'une lunule il écrit : « Cette invention m'a été donnée en cadeau le matin de Noël 1504. » Nous pouvons ainsi imaginer Léonard au matin d'un grand jour de fête, au moment où il peignait la *Bataille d'Anghiari* et dessinait un projet de déviation de l'Arno, bien qu'Isabelle d'Este le suppliât de peindre pour elle, s'absorbant plutôt dans l'étude d'arcs, de triangles, et de quadrature du cercle. Il note alors dans le *Codex Atlanticus* : « Ayant montré ci-contre les diverses manières de convertir des cercles en carrés [...], en formant des carrés d'une capacité égale à celle du cercle et ayant énoncé les règles nécessaires pour continuer ainsi indéfiniment, je commence à présent le livre intitulé *De Ludo Geometrico*. » Léonard enthousiasmé par ses expériences mathématiques d'art-science se laisse-t-il bercer d'illusions ? Certes il sait bien qu'il s'agit d'approximations infinitésimales à la limite de « ce que l'intellect peut imaginer ». Les jeux géométriques ne sont pas pour lui une simple distraction, mais un art de la grande abstraction.

Expérience ludique

Léonard, végétarien par respect des animaux, est cité en exemple dans une lettre qu'un Florentin adresse des Indes à Julien de Médicis en 1515. Ce qui ne l'empêche pas de continuer à se livrer à Rome à ses « farces grotesques » : Vasari raconte l'histoire d'un lézard vivant que Léonard transforme en monstre avec du vif-argent et en lui confectionnant

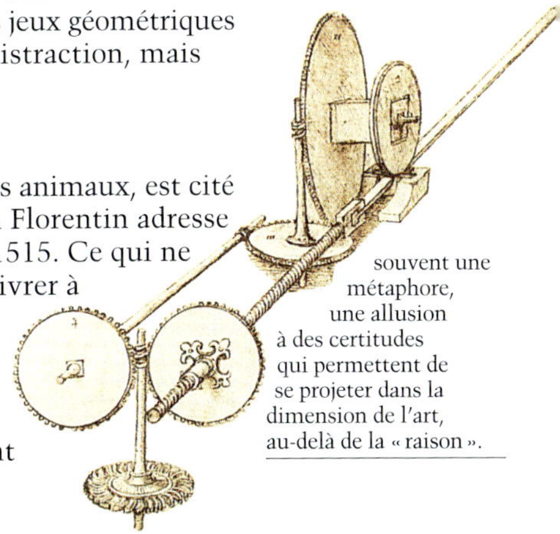

L'historien de l'art Kenneth Clark écrit que « les innombrables dessins de jeux géométriques [en bas, à gauche] nous incitent à regretter le temps et le génie ainsi gâchés par Léonard : les figures en question ont autant à faire avec la géométrie que des mots-croisés avec la littérature. » Ces jeux géométriques rappellent pourtant que, pour Léonard comme pour les avant-gardes du XXe siècle, le rapport avec la science est souvent une métaphore, une allusion à des certitudes qui permettent de se projeter dans la dimension de l'art, au-delà de la « raison ».

des ailes et des cornes avec des écailles arrachées sur d'autres reptiles. Il rapporte encore que, réunissant l'assistance dans une pièce, il y gonfle avec des soufflets de ferronniers dissimulés, de terrifiants boyaux transparents, « pleins de vent » jusqu'à ce qu'ils occupent tout l'espace, forçant les spectateurs à se serrer dans les angles. Lomazzo et Vasari disent aussi qu'il s'amuse à des jeux charmants, modelant dans la cire des animaux très fins et très légers, qu'en soufflant, il fait voler dans l'air. Léonard invente des costumes admirables et grotesques, des dispositifs fantastiques, des fantasmagories...

À la poétique de la merveille et de la stupeur répond celle des lumières trompeuses et de l'instinct. Des simples jeux d'enfant aux jeux de hasard, l'artiste tire des plus simples passe-temps les fondements de l'expérience, qu'il traduit en principes d'architecture et de science comme la paille pour faire des bulles de savon, les lancers de cailloux ricochant sur l'eau ou créant des cercles à la surface...

Peinture et architecture, œnologie et automates

Léonard s'absente souvent du Vatican : le 25 septembre 1514 il est à Parme ; le 27 sur la rive du Pô, probablement comme ingénieur aux côtés de Julien de Médicis, capitaine général des milices pontificales. Puis, le 8 octobre, il rentre à Rome où il est élu novice de la confrérie de Saint-Jean-des-Florentins, qu'il quittera ensuite. C'est de cette période que date sans doute le *Saint Jean-Baptiste* du Louvre. Il peint également une *Vierge à l'Enfant* et le portrait d'un *Jeune Garçon*, non identifiés, pour le Toscan Baldassare Turini da Pescia. Il conçoit des projets pour le port de Civitavecchia et, à partir du 14 décembre 1514, pour la bonification des marais pontins (qui sera mise en œuvre après le 19 mai 1515 par fra Giovanni Scotti da Como).

À Florence, il dessine des projets pour les écuries du Magnifique, un nouveau palais Médicis et la restructuration de la zone située entre la Via Larga et San Lorenzo. Il invente le « lion mécanique » qui sera envoyé de Florence à Lyon pour le couronnement de François Ier, son futur et dernier mécène, auquel

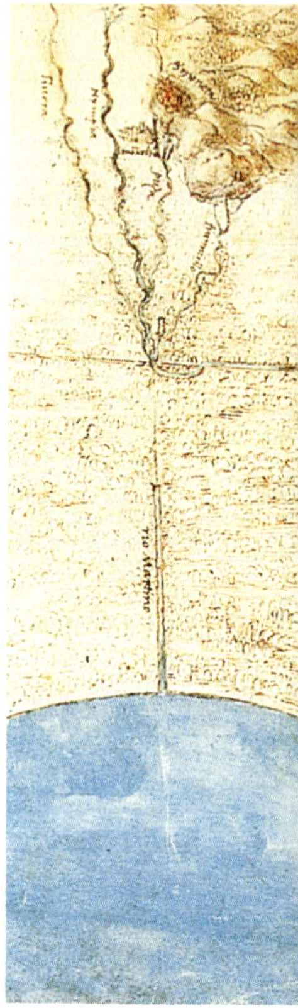

Léonard étudie les métamorphoses des félins et la furie des chevaux et des dragons pour un *Saint Georges* (ci-dessous) destiné au roi de France.

Cette carte donne une vision « aérienne » de la zone des marais pontins (en bas, Circeo ; à droite, Terracina ; en haut, à gauche, Sermonetta).

Les animaux fantastiques (ci-dessous) font partie des figures grotesques et des automates utilisés pour les fêtes théâtrales. Le lion envoyé par la ville de Florence pour les fêtes données à Lyon en l'honneur de François Ier est mû « par la force des roues » : frappé trois fois par le roi, il s'ouvre, montrant un intérieur bleu décoré de lys. Le lys renvoie symboliquement au roi

de France et à la ville de Florence, le lion à la ville de Lyon, au blason de Florence, au pape Léon X et à Léonard lui-même.

il dédie probablement son *Allégorie de la navigation*.

Léonard mentionne dans ses notes un événement déterminant : « Le magnifique Julien de Médicis est parti de Rome le neuvième jour de janvier 1515, à la pointe du jour, pour aller prendre femme [Philiberte] en Savoie. Ce jour-là arriva la nouvelle de la mort du roi de France [Louis XII]. » Il est à Bologne en décembre 1515 en compagnie de Julien, avec Léon X, pour rencontrer le nouveau roi, François Ier, neveu de Philiberte de Savoie. Julien, malade depuis longtemps, mourra peu après, le 17 mars 1516.

Léonard se rend aussi à Milan et adresse au fermier de son terrain de Fiesole des critiques et des conseils pour produire du vin de meilleure qualité. Il est de nouveau à Rome le 13 mars 1516, tout occupé à résoudre un problème mathématique et, en août, à relever les dimensions de l'église Saint-Paul-hors-les-murs.

Le manoir de Cloux près d'Amboise a pris depuis le XVIIe siècle le nom de Clos-Lucé (ci-dessous, une gravure du XIXe siècle). La vue du château d'Amboise (en bas) est un dessin conservé parmi les manuscrits de Léonard à Windsor, œuvre d'un de ses élèves.

« La bouche fait plus de morts que le couteau »

Une série très fournie de notes destinées avant 1516 à des lettres à Julien de Médicis laisse entendre que Léonard traverse des moments de crise et d'exaspération. Il se plaint de son assistant-mécanicien, maître Giorgio Tedesco et plus encore d'un autre Allemand, Giovanni degli Specchi, qu'il accuse d'être indiscret, négligent et même de l'espionner (« Je ne puis exécuter en secret à cause de lui »), de passer deux ou trois heures à table avec les gardes suisses et ses journées à la chasse dans les ruines de la Rome antique, bref, de n'œuvrer que pour ses propres intérêts : « Il a rempli tout ce Belvédère d'ateliers de miroiterie ». Bientôt se crée un climat de frustration et de rancœur. Calomnié, soupçonné de nécromancie, Léonard est prié de ne plus se rendre à l'hôpital Santo Spirito : « [L'Allemand] m'a gêné pour mes travaux d'anatomie en me diffamant auprès du pape. »

Sur une feuille couverte de croquis d'architecture et de lunules, il écrit ces mots énigmatiques : « Les Médicis m'ont créé et m'ont détruit. » Un bilan amer de ses relations avec la famille des Médicis ? Un jeu de mots sur *medici*, c'est-à-dire les médecins, qu'il appelle « destructeurs de vies » ? Après la disparition de Julien, Léonard se prépare à aller chercher fortune de l'autre côté des Alpes.

Au manoir de Cloux, à la cour d'Amboise

En 1516, Léonard est accueilli à Amboise avec Melzi, et peut-être aussi avec Salaï. Il passera les dernières années de sa vie au manoir de Cloux. Charles VIII avait acquis en 1490 ce manoir tout proche de la résidence royale d'Amboise où Louis XII installera sa cour. François de Valois, le futur François Ier, a passé à Cloux une grande partie de son enfance, avec sa mère Louise de Savoie et sa sœur Marguerite de Navarre, auteur de poèmes et de l'*Heptaméron*. À son retour

d'Italie, Louis de Ligny (le cousin du roi que Léonard cite dans son mémorandum de 1499) s'y était installé. Le manoir de Cloux et la cour d'Amboise ne sont, pour Léonard, ni un exil ni un îlot de félicité, mais un haut lieu de rencontres et d'échanges dont il est le personnage central. D'autres artistes l'y ont précédé, tels Solario, un peintre léonardesque, et Fra Giocondo que Léonard mentionne vers 1508 à propos des canalisations du jardin de Blois.

Le témoignage de Benvenuto Cellini, sculpteur qui, comme Rosso Fiorentino, travaillera pour François Ier, est tout à fait surprenant et évoque étrangement la « connaissance des langues classiques » et la qualité de « philosophe » de Léonard : « [Léonard] ayant quelque connaissance des lettres latines et grecques, le roi François était tombé amoureux de ses grandes vertus et prenait un si grand plaisir à l'entendre converser qu'il passait chez lui plusieurs jours de l'année. »

François Ier (ci-dessus), alors âgé de vingt-quatre ans (selon l'inscription), est représenté comme un « saint Jean » léonardesque sur ce tableau découvert au siècle dernier et considéré alors comme une « peinture inestimable, sublime et unique, certainement la dernière du royal père de l'art, Léonard de Vinci ». À Amboise, Léonard reçoit une pension de 2 000 écus pour deux ans, Melzi 800, et Salaï 100 seulement.

Allégories et célébrations

En France, Léonard reprend ses activités théâtrales et réédite quelques-unes de ses scénographies les plus fantastiques, tel le « lion mécanique » pour l'entrée dans Argentan de François Ier avec sa tante, la duchesse Philiberte, veuve de Julien de Médicis, du 30 septembre au 1er octobre 1517 et pour la Fête du Paradis donnée l'année suivante, le 17 juin, en l'honneur de François Ier, au manoir de Cloux.

Bien que devenu hémiplégique, il continue de travailler dans son atelier à Cloux et collabore, en mai 1518, aux festivités offertes à Amboise pour la naissance du fils de François Ier et pour le mariage de Laurent de Médicis avec Madeleine de la Tour d'Auvergne, nièce du roi. Sur l'arc de triomphe figurent les emblèmes royaux, la salamandre et l'hermine, et la devise du Manuscrit H de Léonard, en latin : *Potius mori quam fœdari* (« Plutôt la mort que la souillure »).

Une ville idéale

Léonard a le titre de « premier peintre » ainsi que d'« ingénieur et architecte du roi ». Il élabore alors un vaste projet pour la ville nouvelle de Romorantin : son plan géométrique rappelle celui d'un castrum romain – le nom de « Romolontino », comme l'écrit Léonard, dériverait de la « Roma minor » construite par Jules César sur la Sauldre, affluent de la Loire que la légende compare au Tibre. Et le contexte est bien celui d'un projet impérial.

Le plan proposé par Léonard est des plus conceptuels : le canal au centre, sur deux niveaux, constitue l'axe de part et d'autre duquel se répartissent en bon ordre les routes, les ponts, les bâtiments et les places. La perspective urbaine culmine avec le « palais du prince ». Sont également indiquées les fontaines, les cuisines et les écuries. « Les pièces où l'on pourra danser » doivent se trouver au rez-de-chaussée « parce que j'en ai vu s'écrouler, causant de nombreux morts ». Léonard dessine un immense bassin pour les naumachies, spectacles de combats navals et « joutes avec des vaisseaux ».

Les travaux commencent mais l'état de santé déclinant de Léonard le tient à l'écart et bientôt une épidémie contraint François Ier à transférer ses projets à Chambord. L'apport de Léonard dans la construction du château semble confirmé par une note de 1518 – où il mentionne un certain maître Domenico Barnabei da Cortona, dont on pense qu'il fut un des architectes de Chambord – mais aussi par ses croquis d'escaliers doubles, de pièces à plan carré

Léonard est aussi « mécanicien » d'État ; pour les festivités royales, tout en s'insurgeant contre les tyrannies de la mode, il dessine de splendides costumes (ci-dessus), d'une grâce parfois outrancière ; il imagine aussi des machines pour fabriquer les décors. Dans ses feuillets d'études pour Romorantin on trouve des vues panoramiques et des cartes géographiques de la région, des édifices à plan central et octogonal (à droite), un Palais Royal et un bassin pour les joutes navales.

avec des salles en forme de croix, de châteaux à plan central aux allures de villas monumentales. La tradition veut voir dans les châteaux que firent construire Florimond Robertet à Bury et Georges d'Amboise à Gaillon l'écho des idées architecturales de Léonard qui les avait connus tous deux en Italie.

Un témoignage essentiel

À Amboise, Léonard s'intéresse à l'île de la Loire et étudie des systèmes hydrauliques. Il note une phrase énigmatique : « Amboise a une source royale sans eau. » Il reçoit le 10 octobre 1517 au manoir de Cloux la visite du cardinal Louis d'Aragon dont le secrétaire, Antonio de Beatis, consigne dans son *Itinerario* des observations d'un grand intérêt, à commencer par la santé de Léonard à qui « est venue une certaine paralysie de la main droite ». Il note que le vieux maître ne peut plus « colorer avec cette douceur qui lui était coutumière » mais

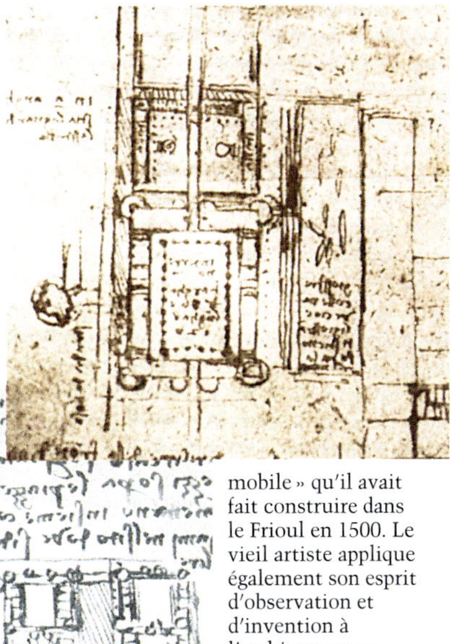

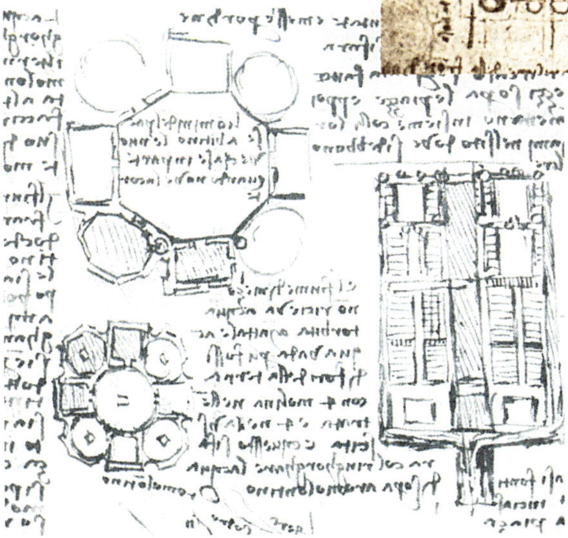

Léonard songe à aller chercher les habitants de la ville nouvelle de Romorantin à Villefranche, à quelques kilomètres, et à dévier le cours de la rivière pour créer un « canal navigable et marchand » ; il décrit la méthode pour nettoyer le lit du fleuve avec les écluses des moulins, se souvenant de la « vanne mobile » qu'il avait fait construire dans le Frioul en 1500. Le vieil artiste applique également son esprit d'observation et d'invention à l'architecture en bois : il imagine de déplacer les maisons et de les transporter de Villefranche à Romorantin : « Ceci se fera facilement parce que ces maisons ont été au préalable construites par morceaux. » Une phrase qui a souvent fait dire que Léonard avait inventé le préfabriqué !

continue à « faire des dessins » et à enseigner : « il a formé un élève milanais qui travaille assez bien » (Il s'agit du jeune Francesco Melzi). Le secrétaire souligne ensuite la grande quantité et l'importance des manuscrits de Léonard « surtout s'ils venaient à être publiés ». En effet, l'artiste commence à songer à leur édition et en étudie même la typographie et la mise en page, mais ils resteront inédits : emportés en Italie par Melzi, les manuscrits seront dispersés par le fils de celui-ci et qualifiés de « choses triviales » par les conseillers du grand-duc de Toscane qui le convaincront de ne pas les acheter.

Des tableaux « perfectissimi » au Clos-Lucé

Léonard montre au cardinal d'Aragon trois peintures terminées. On pense que la première, qui représente « une certaine dame florentine, faite au naturel, à la demande du magnifique Julien de Médicis », est *La Joconde* du Louvre (ou, moins probablement, une *Joconde nue* ou *Monna Vanna*). Le second, « San Johanne Baptista jovene » devrait être le *Saint Jean-Baptiste* du Louvre, le mot *jovene* (jeune) laissant quelque doute. Le troisième est à l'évidence la *Sainte Anne* du Louvre, qui pourtant, n'étant pas encore achevée, ne saurait être *perfectissima*. Le paysage cosmique où est immergé le groupe pourrait être le dernier que peignit Léonard. Le gravier au modelé extraordinaire au pied des personnages, où certains ont

D'après le témoignage de De Beatis, Monna Lisa pourrait être Isabella Gualanda et non plus Lisa Ghérardini del Giocondo. L'Anonyme Gaddiano atteste que Léonard « fit d'après nature le portrait de Piero Francesco del Giocondo », et non de sa femme. Parmi les peintures dont hérita Salaï figure une Joconde d'un auteur inconnu. D'autres hypothèses ont été émises, aujourd'hui dépassées ou absurdes (un autoportrait « féminin » de Léonard...). L'œuvre est une quintessence de l'idée de l'art et de la cosmologie de Léonard. Le paysage aussi est idéalisé : on pense que le pont est celui de Buriano près d'Arezzo (page de gauche, en bas). Une composition de 1502, copiée par Raphaël vers 1505 (ci-dessus), sera terminée à Rome par Léonard après 1513. De *La Joconde nue*, on conserve des peintures d'école (page de gauche, en haut) et un carton.

voulu voir un placenta, atteste des idées esthétiques et picturales audacieuses de Léonard, jouant à la fois sur l'artifice et sur la géologie naturelle.

Vasari raconte que François Ier aurait invité Léonard en France surtout par désir qu'il « colorie le carton de sainte Anne », ce qui est un élément précieux pour la datation de l'œuvre, tandis que Paul Jove affirme entre 1523 et 1527 qu'il « reste une peinture sur bois [de Léonard] montrant un Enfant Jésus jouant avec la Vierge sa mère et sa grand-mère Anne, que François roi de France acheta et plaça dans sa chapelle ».

Ensuite, on ne dispose d'aucune autre trace de la présence du tableau dans les collections royales avant l'offre à Louis XIII du cardinal de Richelieu, qui a retrouvé le tableau à Casale Monferrato, en Piémont, en 1629. En 1525 une *Sainte Anne* est évaluée 100 écus, autant qu'une *Joconde*, parmi les biens laissés par Salaï après son mariage à Milan et sa « mort violente ».

Parmi les derniers dessins de Léonard, une étude pour un drapé de la Vierge (ci-dessus), inachevée, a induit en erreur Freud et les psychanalystes qui l'ont interprétée comme une représentation cryptée du milan-vautour de l'enfance de Léonard. Divers schémas de composition entrent dans la *Sainte Anne* du Louvre (ci-contre) : au premier plan la pyramide et le triangle que forment les figures, le réseau des lignes tendues entre les regards, l'entremêlement des volumes curvilignes, les effets de lumière lunaire d'une immobilité métaphysique sur les drapés « habités »... puis la dimension cosmique du paysage dans le lointain, organisme vivant, dans

L'élève aurait-il remporté en Italie les chefs-d'œuvre de son maître ? Selon d'autres sources, François Ier a acheté *La Joconde* pour 4 000 écus. Dans son testament du 23 avril 1519, Léonard écrit pourtant que tous les « instruments et portraits concernant son art et son industrie de peintre » iront à Melzi et non à Salaï. Le mot *portracti* ne se réfère-t-il pas à l'ensemble des peintures ?

« Alors que je croyais apprendre à vivre, j'apprenais à mourir », écrit Léonard. La plus célèbre représentation de sa mort (ci-dessous) est l'œuvre d'Ingres (en 1818), qui fut aussi le découvreur d'une *Vierge aux rochers*.

Léonard meurt au Clos-Lucé le 2 mai 1519. François Ier est peut-être loin de là, en son château de Saint-Germain-en-Laye. Mais pour Vasari comme pour la légende, il n'y a pas de doute : Léonard « expira dans les bras de ce roi ». Rien de ce qui concerne Léonard n'est définitif, tout contribue à la création du mythe, mais on ne saurait enfermer l'artiste dans des schémas ordinaires. Au-delà des modes d'interprétation, l'originalité radicale, la liberté de l'art et la force de l'image créent l'actualité intemporelle de son œuvre, dans laquelle chacun finit par se refléter et chercher sa propre idée de l'univers de Léonard.

Page suivante : *Portrait de Léonard entre Dürer et Titien*, tableau inédit faisant partie d'une série d'hommes illustres.

TÉMOIGNAGES ET DOCUMENTS

Autobiographie et portrait d'un mythe

Le mythe de Léonard est comme une hydre aux têtes infinies à commencer par ses « autoportraits », qui sont presque tous contestés aujourd'hui. Il se présente lui-même à la troisième personne comme dans sa lettre aux « fabriciers » du Dôme de Piacenza : « Il n'y a pas d'homme qui vaille, et croyez-moi, sauf Léonard le Florentin… »

Des autoportraits contestés

Les autoportraits de Léonard font l'objet de discussions et d'interrogations. De façon assez surprenante, celui de la Biblioteca Reale de Turin a été déclaré faux par Hans Host en 1980. Il aurait été dessiné en 1810 par Giuseppe Bossi, auteur également d'un portrait de Léonard d'après le *Démocrite* de Bernardino Luini. On a aussi écrit que ce dessin était autographe et préfigurait l'artiste en vieillard. On peut cependant réaffirmer la datation tardive de cet autoportrait vers 1515, indépendamment de la relation établie par Luisa Vertova avec le *Platon* de Raphaël, étayée par une analyse des variations du goût au temps de Léonard (L. Vertova, 1991). Il est par contre certain que l'« autoportrait » de Léonard conservé aux Offices, à Florence, avec le large béret de peintre, n'est qu'un apocryphe du XVIIe siècle.

« Autoportrait » de Léonard à quarante ans : c'est le contour de son ombre dans une fenêtre, projeté contre un mur (voir Pedretti, à propos de la *Cène* « faite avec les ombres »).

Contre la tyrannie de la mode

« [Léonard] était beau de sa personne, bien proportionné, gracieux et de bel aspect. Il portait un vêtement rose qui ne descendait qu'aux genoux alors que la mode était aux vêtements longs : il avait une belle chevelure qui lui descendait jusqu'au milieu de la poitrine, bouclée et bien peignée », affirmait l'« anonyme Gaddiano », quelques années après la disparition de Léonard.

Léonard anticonformiste ? Il est certain qu'il n'épargne pas ses sarcasmes vis-à-vis des excès et des caprices de la mode qui, sans cesse, change ses diktats pour torturer « qui veut paraître beau ». Il passe en revue pas moins de huit périodes et tendances, depuis son enfance où « les vêtements étaient décorés dans toutes leurs parties » jusqu'à la dernière mode qui exige « des pieds si serrés que les doigts se superposent les uns aux autres et se couvrent de cals » (*Traité de la peinture*, 529).

Il cherche inlassablement l'essence de la beauté : « Ne vois-tu pas que, parmi les beautés humaines, un très beau visage arrête les passants, et non pas les riches ornements ? Ne vois-tu pas les splendides beautés de la jeunesse perdre leur excellence pour leurs ornements excessifs et trop recherchés ? Ne porte pas de coiffures trop affectées ou de couvre-chefs, ne sois pas comme ces pauvres cervelles pour lesquelles un seul cheveu déplacé provoque une grande honte. [...] Ni comme ceux qui ont toujours pour conseillers leur miroir et leur peigne, dont le pire ennemi est le vent qui met en désordre les cheveux impeccablement apprêtés. [...] Ne fais pas comme ceux qui les enduisent de colle et les font paraître brillants comme s'ils étaient vitrifiés : les folies humaines vont croissant et les marins qui ramènent d'Orient les gommes arabiques ne suffisent pas à les satisfaire » (*Traité de la peinture*, 398).

« C'est un vice commun aux peintres de faire des choses semblables à eux-mêmes »

« Si [l'âme] trouve quelqu'un qui ressemble au corps qu'elle s'est formé, elle l'aime et souvent en tombe amoureuse ; et c'est pourquoi beaucoup de gens deviennent amoureux et prennent des femmes qui leur ressemblent » (*Traité de la peinture*, 105).

« Note les belles parties d'un grand nombre de beaux visages, dont la beauté est confirmée par l'opinion commune plutôt que par ton propre jugement, car tu pourras te tromper en choisissant des visages semblables au tien. Il arrive, en effet, que nous aimions ce qui nous ressemble ; laid, tu choisirais des visages sans beauté et tu les ferais laids comme beaucoup de peintres dont les personnages ressemblent à leurs auteurs » (*Traité de la peinture*, 134).

« Celui qui veut savoir comment l'âme habite son corps, regarde comment le corps utilise son habitation quotidienne ; c'est-à-dire, si cette dernière est sans ordre et confuse, désordonné et confus sera le corps entretenu par l'âme » (*Codex Atlanticus*, 207 recto).

Entre Titien et Dürer

Sur un tableau attribué à l'atelier d'Agnolo Bronzino et daté de 1555-1565, Léonard est représenté entre Titien, le grand représentant de la peinture vénitienne, et Dürer, le « Léonard du Nord ». La présence du peintre allemand rappelle l'influence très particulière qu'a exercée sur lui Léonard. Dürer, en effet, copie la série de « nœuds vinciens » de l'*Achademia*, les études d'anatomie et de chevaux, et approfondit les recherches sur la nature et les proportions humaines, s'intéresse à son compas « pour faire l'ovale » et aux dessins d'architecture militaire. Il fait admirer la géométrie du polyèdre dans sa *Melencolia*, et décrit sa vision onirique d'un déluge « léonardien ». Le prospectographe que Dürer représente sur quatre gravures de 1525 et 1538 avait été dessiné en 1480 par Léonard qui, toutefois, écrivait : « Cette invention est à déconseiller à ceux qui ne savent pas dessiner les portraits ; parce que ces procédés paresseux détruisent leurs capacités » (*Traité de la peinture*, 35).

Dans la dernière de ses lettres d'Italie, Dürer projette de se rendre de Venise à Bologne en octobre 1508 « par amour de l'art de la secrète perspective, que quelqu'un est disposé à m'enseigner » : Serait-il trop romanesque d'imaginer une rencontre avec Léonard entre Milan et Florence ?

La caverne de la connaissance et la douce mort

« Poussé par un désir ardent, anxieux de voir l'abondance des formes variées et étranges que crée l'artificieuse nature, ayant cheminé sur une certaine distance entre les rocs surplombants, j'arrivais à l'orifice d'une grande caverne ; [...] deux émotions s'éveillèrent soudain en moi : crainte et désir ; crainte de la sombre caverne menaçante, désir de voir si elle recelait quelque merveille » *(Codex Arundel*, 115 r.).

« Si ta liberté t'est chère, puisses-tu ne jamais découvrir que mon visage est la prison de l'amour » (*Codex Forster III*, 10 v.).

« Quelques heures avant sa mort, ce vieillard me dit qu'il avait vécu cent ans et qu'il ne ressentait aucun mal physique autre que la faiblesse ; et assis sur un lit d'hôpital, sans aucun mouvement ni symptôme de malaise, il quitta doucement cette vie. Je pratiquai l'autopsie pour vérifier la cause d'une aussi douce mort [...]. L'autre autopsie fut faite sur un enfant de deux ans, et là je découvris que le cas était exactement à l'opposé de celui du vieillard » (Windsor RL, 19027 v.).

Le peintre dans son atelier

« Le [travail du] sculpteur [exige] un exercice tout mécanique, s'accompagnant souvent de beaucoup de sueur qui se mêle à la poussière et devient une croûte de boue ; il a le visage tout enduit et enfariné, semblable à un boulanger, et il est couvert de petites écailles comme s'il avait neigé sur lui. Son logis est sale et plein d'éclats de poussière de pierre. Avec le peintre, c'est tout le contraire (parlant des meilleurs, parmi les peintres comme parmi les sculpteurs), car il est assis très à l'aise devant son œuvre, bien vêtu, agitant un pinceau léger avec des couleurs agréables, et il est paré de vêtements à son goût, et son logement est propre et rempli de belles peintures, et souvent il se fait accompagner par la musique, ou la lecture d'œuvres belles et variées qu'il écoute avec beaucoup de plaisir, sans être gêné par le bruit des marteaux ou par d'autres fracas » (*Traité de la peinture*, 32).

« La rigueur vient à bout de tout obstacle »

« C'est chose aisée pour l'homme que d'atteindre à l'universalité » (Ms. G., 5 v.) « Pauvre élève qui ne surpasse point son maître » (*Codex Forster III*, 66 v.).

Sur un feuillet de Windsor (1249 v.), Léonard transcrit Dante et Pétrarque : « Il faut maintenant que tu chasses ta paresse, me dit mon maître, ce n'est pas en restant sous les plumes qu'on arrive à la gloire... » (*L'Enfer*, XXIV) ; « la gourmandise, le sommeil et les plumes oisives ; » (*Sonnets*, VII).

Il accumule les réflexions morales et les proverbes populaires : « Qui a du temps et le gaspille, perd ses amis et jamais n'a d'argent » (*Codex Atlanticus* 18 r.) ; « Qui veut s'enrichir en un jour est pendu dans un an » (Windsor 12351 r.) ; « Les petites chambres ou habitations éveillent l'esprit, les grandes l'égarent » (Ms A, 96 r.) ; « Le caractère divin de la peinture fait que l'esprit du peintre se transforme en une image de l'esprit de Dieu » (*Traité de la peinture*, 65).

Portrait mystique/ magique

« Il fut comme un homme qui s'éveille trop tôt dans l'obscurité alors que les autres sont encore endormis », écrit Freud. « Il faut avoir présente à l'esprit la dimension nécromancienne, voire résolument magique dans laquelle a été forgé le mythe de Léonard, présenté comme un homme d'une grande beauté et d'une telle force qu'il pouvait aisément plier une barre de fer, « bizarre » dans ses recherches [...] mais d'une lucidité surhumaine » (R. Monti, 1966).

Réflexions et recherches

Pour Cocteau, Léonard, comme Picasso, « n'était pas un chercheur, c'était un trouveur ». En effet la recherche de Léonard n'est-elle pas infinie ? Chaque point d'arrivée n'est-il pas aussi le prochain point de départ, d'observation et d'enquête ?

Sur ses carnets de notes où s'entremêlent écriture et dessin, Léonard consigne ses réflexions, trace les grandes lignes de ses recherches et de ses spéculations et note toutes sortes d'observations sur son art et la vie quotidienne. Le feuillet 42 v. du *Codex Atlanticus* est un excellent exemple de cet éclectisme de ses études depuis sa jeunesse : les croquis d'horloges, de géométrie et l'esquisse d'un dragon voisinent avec une longue réflexion où il fait référence, entre autres, à l'astronome Carlo Marmocchi, à Filarete (architecte des Sforza), à un texte « d'abaque », c'est-à-dire de mathématiques, au savant Paolo del Pozzo Toscanelli (ami de Brunelleschi et inspirateur de Christophe Colomb), au peintre Domenico di Michelino (auteur du célèbre *Dante et La Divine Comédie*), et au philosophe grec Argiropoulos, traducteur d'Aristote. Un autre feuillet du codex commence par de l'algèbre puis il y est question d'anatomie à propos de « l'os de Marliani », et de ses projets topographiques pour Milan ; enfin il note « ... rappelle à Giannino des bombardes la façon dont on a muré la tour de Ferrare sans faire de trous » (*Cod. Atlanticus*, 611 r.).

Salaire et valeur marchande

Quelles rémunérations Léonard a-t-il perçues ? Benvenuto Cellini se rappelle avoir refusé une offre de 300 écus annuels de la part de François Ier en 1540 et avoir obtenu ensuite le même salaire que Léonard de Vinci : 700 écus par an, plus le paiement des œuvres qu'il produirait et 100 écus pour chacun de ses assistants. D'après d'autres sources, le dernier salaire que François Ier versa à Léonard fut de 2000 écus pour deux ans. Melzi qui était « gentilhomme » aurait reçu 800 écus et le peintre Salaï, étrangement désigné « serviteur de Léonard », 100 écus.

En 1515 à Rome, Léonard avait chaque mois, grâce à Julien de Médicis, une « provision » de 40 ducats. Il devait reverser 7 ducats à Giorgio Tedesco, lequel en exigeait 8, ce qui provoquait d'âpres disputes. Léonard se souvient avoir reçu à Milan entre juillet 1508 et avril 1509 la somme de 390 écus et 200 francs (un franc valant 48 sols) de la part de Louis XII. Le rapprochement avec ses dépenses des années 1495 à 1497 donne une idée approximative de la valeur de cet argent : 120 sols pour la « sépulture de Catherine », sa mère, et 119 pour l'achat de la première édition de la *Summa* d'arithmétique et de géométrie de Pacioli. Peu de temps avant, il s'était plaint auprès du More de n'avoir reçu que 50 ducats en trois ans, mais dans une nouvelle du chroniqueur Bandello il se vante d'en percevoir 2000.

Contradictions et ambiguïtés

Paradoxes, ironie, jeux de mots… jusqu'à l'absurde. L'instinct, la logique et la technique de l'analogie et du contrepoint sont toujours présents dans l'œuvre de Léonard. Ils peuvent créer des malentendus, offrent des clefs de lecture, font appel à une méthode de représentation qui donne toute leur vigueur aux formes et aux caractères. L'imitation de la nature est elle-même un « leurre » si elle n'est pas déchiffrée. De la Méduse *au* Saint Jean Baptiste *dionysiaque, l'artiste crée les monstres de la raison et les figures de l'énigme.*

« Qui verrait nos lettres serait grandement étonné car il lui paraîtrait tantôt que nous sommes des hommes graves, tous accaparés par de grands desseins, et qu'aucune pensée dépourvue de grandeur et d'honnêteté ne puisse se frayer un chemin jusqu'à nos cœurs. Mais ensuite, tournant la page, il lui semblerait que nous sommes des êtres légers, inconstants, lascifs, occupés à choses vaines. Si cette manière de procéder peut paraître néfaste, à moi elle me paraît louable parce que nous imitons la nature, qui est variée et quiconque l'imite ne peut être blâmé », écrivait Machiavel, grand ami de Léonard.

Les aspirations rationnelles cohabitent chez Léonard avec l'irrationnel de la vie : ses manuscrits attestent de la variété et la profusion des sujets qui le préoccupent et sont constamment parcourus de contradictions, passant des préceptes moralisateurs aux mouvements d'humeur incontrôlés, des notations sèches à une véritable poésie de l'ambiguïté.

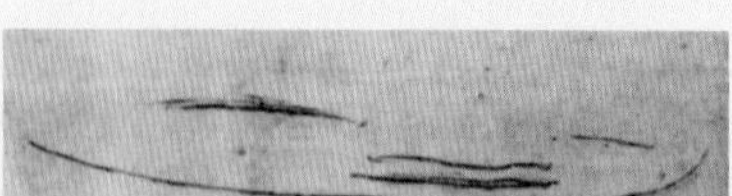
Anamorphose d'un visage d'enfant.

On y trouve face à face l'homme et l'animal, le vieillard et le jeune homme, le vice et la vertu, la paix et la guerre, la tradition et l'innovation (les machines comparées…), la fureur et la sérénité, le sacré et le profane… Sur le verso du dessin allégorique où Phyllis « chevauche » Aristote [p. 64], il s'amuse à noter ces sentiments contraires : « Volupté-déplaisir, amour-jalousie, bonheur-envie, chance-châtiment, pénitence. »

Léonard n'hésite pas à contredire ses précédentes affirmations, cela fait même partie de sa méthode, qui consiste à opposer son expérience analytique des phénomènes aux conceptions traditionnelles et dogmatiques. Il énonce simplement des hypothèses qui sont encore à vérifier, des arguments et directions de recherches. Aussi lui a-t-on souvent attribué improprement les opinions des autres, simplement notées au fil de ses investigations.

Léonard aime rapporter les thèses qu'il conteste, les citer pour étayer ses démonstrations par l'absurde et contredire les « fausses opinions » de ses « adversaires », encore persuadés, par exemple, que la terre est plate (*Codex Leicester*, 6B-31 r.). Jusqu'en 1508, Léonard partage la conception traditionnelle selon laquelle l'eau serait parvenue depuis la mer sur les montagnes, véhiculée par une sorte de circulation sanguine : il changera d'opinion dans ses études ultérieures.

Analogies

La poétique du tourbillon et du « mouvement circulaire à la manière d'une vis » est le leitmotiv de ses dessins sur le vol des oiseaux, des chevelures de ses portraits de Ginevra Benci ou du Musicien, de ses études sur la circulation du sang et le mouvement des eaux « panniculées », de ses études de botanique, de mécanique (sur les ressorts des horloges) et enfin de la morphogénèse géométrique. C'est aussi le thème de la silhouette serpentine de Léda et le cygne et du dessin de saint Georges et le dragon, et surtout des Déluges où les éléments les plus divers sont emportés dans le tourbillon furieux d'univers en pleine désagrégation.

L'analogie la plus significative est celle que Léonard, allant et venant sans cesse entre macrocosme et microcosme, établit entre le corps des hommes ou celui des animaux et « le corps de la terre », qu'il recherche jusque dans le souffle des terres et des marées : « Si l'homme a en lui le lac du sang où se gonfle et se dégonfle le poumon lorsqu'il aspire et souffle, le corps de la terre a son océan qui lui aussi croît et décroît pour que le monde respire » (*Codex Atlanticus*, 55 v.).

Certaines analogies sont tout à fait curieuses, comme celle entre la vague aux crêtes écumeuses et la pile de jetons sur la table à jeu du *Codex Leicester* (4B-4 v.). En anatomie et en embryologie, il compare la tête à une « maison », la trachée à « un instrument de musique », et les bronches avec leurs ramifications, à un arbre. Se basant sur l'anatomie de la gorge, Léonard dessine la « machine mathématique » qui produit les vocales, il explique que ce sont les 24 muscles de la bouche qui donnent au sourire la possibilité de s'exprimer, de même qu'aux sentiments et aux « mouvements de l'esprit ». Les veines ne prennent-elles pas racines dans le « fumier » du foie ? Léonard ne craint pas de se contredire : comme le « pêcher naît de son noyau », ainsi « le cœur est le noyau qui produit l'arbre des veines ! » (Windsor, RL, 19028 r.).

Tout ceci est simpliste dans les mots mais les dessins de Léonard sont d'une beauté et d'une précision à couper le souffle. « Les veines […] se développent en longueur et se tordent comme un serpent […] ; le foie se dessèche et devient semblable à du son gelé, tant par sa couleur que sa substance […] qui s'éparpille en menus flocons comme la sciure de bois […]. Ceux qui sont très avancés en âge ont la peau couleur de bois ou de châtaigne racornie, parce qu'elle est presque complètement privée d'aliments. Le réseau veineux agit dans l'homme comme dans les oranges dont la peau s'épaissit et la pulpe se réduit à mesure qu'elles vieillissent » (Windsor RL, 191027 v.).

« La proportion ne se trouve pas seulement dans les nombres et mesures, mais aussi dans les sons, poids, temps, positions et en quelque puissance qui existe » (Ms. K, 49 r.).

Paradoxes et naïveté

Les paradoxes abondent dans les propositions mais aussi dans la méthode et la démonstration, comme l'exemple du fleuve dans le puits creusé d'un hémisphère à l'autre, jusqu'aux antipodes en passant par le centre de la terre (*Codex Leicester* 16A-21 v.). Un autre concerne son observation sur le cours des fleuves, qui après les pestilences serait plus profond et plus limpide (*Id.*, 17B-20 r.) ; c'est là un étrange contrepoint « fataliste » au système « pratique » qu'il propose : nettoyer les fleuves en les faisant piétiner par « de gros animaux » (*Id.*, 15A-22 v.).

En dépit de ses intuitions géniales, le *Codex Leicester* fourmille d'erreurs que Léonard a hérité de la tradition ou dans lesquelles il s'enferre à cause des limites de sa propre expérience. Il croit que sur la lune il y a des vents et des vagues marines (qui seraient les miroirs de la lumière solaire reflétée aussi par la terre), et que ce n'est pas la lune qui détermine les marées (l'eau serait « bue » par le fond de la mer, 11A - 26 v.).

Le conflit entre réalité et imagination

« Le mouvement est dit de deux natures parce qu'il est fait de diverses puissances ; en fait il se divise en deux parties dont l'une est spirituelle et l'autre matérielle. Ce qui en nous est spirituel est fait de la puissance de l'imagination ; ce qui est matériel est fait des corps matériels » (Madrid I, 122 v.).

« L'expérience ne se trompe jamais, seuls vos jugements errent, qui se promettent des résultats étrangers à notre expérimentation personnelle » (*Codex Atlanticus*, 471, r.). « Encore que la nature s'inspire d'abord de la raison et finisse par l'expérience, nous ferons le contraire, c'est-à-dire nous commencerons par l'expérience et de là nous irons à la recherche de la raison » (Ms. E. 55 r.). « Les choses de l'esprit qui ne sont pas passées par le sens sont vaines et n'engendrent qu'une vérité visible » (Windsor RL 19070 v.). Léonard est évidemment en contradiction avec sa notation du *Codex Atlanticus* 398 v. : « Dans la nature, aucun effet n'est sans cause ; comprends la cause et tu n'auras pas besoin d'expérience. » Et plus encore à propos des moulins de Lombardie : « Je crois que ceux-là seront meilleurs ; non pas pour les avoir expérimentés mais parce que c'est l'opinion générale » (Ms Madrid I, 151, v.).

Prophète pour rire

« Le bonheur suprême sera la plus grande cause de misère et la perfection de la sapience une occasion de folie » (*Codex Atlanticus*, 112, r.). C'est-à-dire que, la conscience du bonheur atteinte, « Les hommes courront sans se mouvoir, ils converseront avec les absents, ils entendront ceux qui ne parlent pas. »

Léonard nous livre aussi son « mode d'emploi » des prophéties – et du rêve : « Dis-la comme s'il s'agissait d'une lubie ou d'une divagation, d'une insanité. Beaucoup seront alors pris tout entiers par l'exercice d'en extirper une matière qui augmente d'autant plus qu'on en ôte et plus on lui attribue plus elle se vide » (*Codex Atlanticus*, f. 1033).

Au-delà de l'imitation de la nature

Les affirmations de Léonard sur la représentation du réel et l'imitation de la nature n'ont rien à voir avec le réalisme ou un naturalisme réducteur et moins encore avec la reproduction du vrai. Il suffit de s'en référer à la nature pour comprendre et pratiquer, avec la science et l'expérience des phénomènes les plus divers, sa méthode créatrice, parfaite et « divine ».

Sur le feuillet 387 r. du *Codex Atlanticus*, datable de 1490, Léonard trace les grandes lignes d'une histoire de l'art qui, partant de la décadence des Romains renaît avec Giotto, puis à nouveau se perd dans l'imitation de la peinture précédente et enfin se réveille avec Masaccio. Évidemment, la complexité des valeurs expérimentales et du renouvellement qu'introduisent Giotto et Masaccio n'échappe pas à Léonard, mais il semble paradoxalement faire jaillir l'originalité du jeune Giotto de son habileté à dessiner les « attitudes des chèvres » et de tous les autres animaux, tandis que Masaccio « montre par la perfection de son œuvre, comment ceux qui s'inspirent d'un autre modèle que la nature, maîtresse des maîtres, peignent en vain ».

Mais souvent la parole de Léonard peut être un piège : le plus souvent intentionnellement, parfois parce qu'il sent tout le décalage entre ses capacités d'expression verbale et celles que lui offrent le dessin et la peinture. Dans l'*Atlanticus*, 399 r., il affirme : « L'imitation des choses anciennes est plus louable que celle des modernes. »

Les métamorphoses d'un chat, vers 1513.

Sur la question de la divinité de l'art, il semble encore se contredire : « Le dessin est d'une telle excellence que non seulement il recherche les œuvres de nature mais infiniment plus que ce que fait la nature (*Traité de la peinture*, 130). Et encore : « J'ai vu universellement tous ceux qui font profession de peindre des portraits d'après nature, celui qui les fait le plus ressembler est plus triste compositeur d'histoires qu'aucun autre peintre » (*Id., 55*).

« Bacchus » et « Saint Jean »

Le *Saint Jean* du Louvre que Louis XIII aurait offert à Charles Ier d'Angleterre en échange d'un Holbein et d'un Titien, passe pour être l'œuvre la plus ambiguë et la plus mystérieuse de Léonard. Divers auteurs lient son sourire « équivoque » – qui pour certains exprime la contemplation d'un monde intérieur – à celui de la Joconde, ou à celui du fameux « chat du Cheshire » d'*Alice au pays des merveilles*, qui disparaît « en ne laissant que son sourire ».

L'identité du *Bacchus* est tout à fait troublante, sans qu'il soit besoin d'évoquer les interprétations androgynes les plus fantasques : *Bacchus* était à l'origine un saint Jean auquel ont été ajoutés, dans la seconde moitié du XVIIe siècle, les attributs dionysiaques des feuilles de vigne et du thyrse, accentuant son contenu païen. Cassiano del Pozzo, qui le vit à Fontainebleau en 1625, estima que c'était une « œuvre très délicate mais elle ne plaît pas parce qu'elle n'inspire pas la dévotion ».

Eros et sublimation

« Qui ne réfrène pas la volupté s'égale aux bêtes », affirme Léonard. Depuis l'essai de Freud Souvenir d'enfance de Léonard de Vinci *(1910), la psychanalyse a focalisé jusqu'à l'obsession toutes les interrogations sur l'éros de Léonard nourries de malentendus et d'extrapolations. N'y trouve-t-on pas, plus que pour toute autre facette de Léonard, le reflet des préjugés et des états d'âme de la critique.*

« Je parais avoir été destiné à écrire de manière si approfondie au sujet du milan car, dans un de mes premiers souvenirs d'enfance, il me semble que, lorsque j'étais au berceau, un milan vint et m'ouvrit la bouche de sa queue, et me frappa à maintes reprises à l'intérieur sur les lèvres » (*Codex Atlanticus*, 186 v.).

Ce « souvenir d'enfance » est une référence essentielle pour les théories de Freud sur Léonard, qui l'amèneront à conclure que « un homme ainsi fait se consacrerait à la recherche avec la même passion que celle qu'un autre réserve à ses amours, aussi il pourrait se dédier à l'investigation plutôt que d'aimer ».

Étude anatomique du coït debout (détail).

Ce que dit Léonard

« L'acte du coït et les membres qui y concourent sont d'une telle hideur que, n'étaient la beauté des visages, les ornements des acteurs et la retenue, la nature perdrait l'espèce humaine. » Par contre, fait-il remarquer, la verge « a des rapports avec l'intelligence humaine et parfois possède une intelligence propre », elle agit et se réveille à sa guise, parfois contre la volonté de l'homme, qui ne doit pas en avoir honte « mais l'exhiber avec solennité, comme un ministre ».

Il étudie la conformation et les dilatations de la « vulve » qu'il nomme avec malice « le portier de la forteresse ». Dans les facéties qu'il s'amuse à écrire, il prend le ton de celui qui a eu des expériences avec les prostituées et n'est pas avare d'histoires érotiques sur la rouerie des femmes et des religieux.

A-t-il peur des maladies vénériennes ? Il prône l'hygiène corporelle et mentale contre « les vains plaisirs qui souvent sont la raison de la perte de la vie ». « La luxure est cause de génération, l'appétit est le soutien de la vie, la peur ou la crainte prolonge la vie. La douleur préserve l'instrument » : par ces quatre aphorismes qui jouent sur le contrepoint entre un « mal » (ou un « vice ») apparent mais nécessaire, et un « bien » qui protège la vie, Léonard rend hommage à la « nécessité » inhérente à la nature humaine.

« La passion de l'âme chasse la luxure », note-t-il encore, révélant, par-delà les facéties, une morale exigeante.

Léonard craignait-il d'avoir des enfants ? Dans le post-scriptum d'une lettre à un de ses frères, il écrit : « Tu te félicites d'avoir engendré un ennemi vigilant, dont toutes les forces tendront vers une liberté qui ne lui viendra qu'à ta mort. » Aurait-il vraiment expédié une telle lettre ?

Le peintre incite à l'amour

« Si le poète prétend inciter les hommes à l'amour, ce qui est la chose principale de l'espèce de tous les animaux, le peintre a le pouvoir d'en faire autant et davantage, car il met devant l'amant l'effigie de la chose aimée, lequel souvent s'entretient avec elle, lui donne des baisers et lui parle [...], ce qu'il ne pourrait faire avec les beautés que lui propose l'écrivain [...].

Il m'arriva de faire une peinture qui représentait une chose divine, laquelle, achetée par l'amant, celui-là voulut en ôter la représentation de cette chose divine pour pouvoir l'embrasser sans retenue, mais finalement la conscience l'emporta sur les soupirs et le plaisir amoureux et il la retira de sa maison. Un peintre fit une peinture de telle manière que quiconque la voyait aussitôt bâillait. D'autres ont peint des actes si libidineux et si luxurieux qu'ils ont incité ceux qui les regardaient à la même fête ; ce que ne fera pas la poésie. »

Traité de la peinture, 25.

Indices contradictoires

Presqu'un siècle après le procès que dut affronter Léonard, le chroniqueur Giovan Paolo Lomazzo, assez bien informé sur certains aspects de la vie du peintre mais peu crédible dans ses extrapolations, fait de lui le héros d'un dialogue avec le grand sculpteur grec Phydias, dans son *Livre des songes* :

« Léonard – Antonio Boltraffio, mon disciple, avec Salaï, que j'ai aimé plus que tous les autres, furent si différents.
Phydias – Tu leur fis faire un jeu qu'aiment tant les Florentins, par-derrière ?
Léonard – Et combien de fois ! Considère que c'était un jeune homme d'une grande beauté, quinze ans tout au plus.
Phydias – Tu n'as pas honte de dire cela ?
Léonard – Pourquoi aurais-je honte ? Il n'y a rien qui soit aussi digne de louanges, selon les virtuoses ; et que cela soit vrai, je te le démontrerai [...].
Phydias – Allons donc, ainsi j'apprendrai ce que de mon vivant je ne sus jamais ?
Léonard – Dis-toi qu'il n'est rien de si laid au monde qu'il ne soit plus laid encore de ne pas le savoir [...]. Sache que l'amour masculin est œuvre seulement des vertus [qualités] que dès l'âge tendre, les hommes conjuguent ensemble avec diverses affections et amitiés, afin que leur amitié se fortifie dans l'âge viril ; outre cela l'amour masculin fut pour l'esprit des philosophes un précepte louable. »

Ce discours ne tient compte qu'en partie de la biographie de l'artiste ; le peintre Bossi rapporte que léonard aurait aussi goûté les plaisirs de la chair avec une courtisane nommée Cremona. Quant aux portraits dans lesquels il faudrait reconnaître le bien-aimé Salaï, avant même qu'il ne fût né, on notera que, dès 1478, Léonard dessinait ce type d'éphèbe angélique que l'on retrouvera jusqu'en 1510.

Alimentation et santé

Léonard végétarien, Léonard hygiéniste… Ses manuscrits ont révélé ses projets pour l'automation des cuisines et des recettes médicinales. Sur les feuillets d'étude pour Léda et le cygne *ou sur la* Prophétie du vol, *figurent des listes de commissions : vin et pain, œufs et champignons, minestra et salade, mais aussi, « viande » et « poulet »…*

« L'homme et les animaux ne sont qu'un passage et un canal à aliments, une sépulture pour d'autres animaux, une auberge de morts, qui entretiennent leur vie grâce à la mort d'autrui, un fourreau de corruption » (*Codex Atlanticus*, 207 v.). Léonard utilise ce genre d'expressions à propos de ceux qui parlent sans rien créer concrètement : « Vois, nombreux sont ceux qui pourraient s'intituler de simples canaux pour la nourriture, des producteurs de fumier, des remplisseurs de latrines car ils n'ont point d'autre emploi en ce monde » (*Codex Forster III*, 74 v.). Plus terrifiant encore, à propos des mouches : « Les hommes sortiront des tombeaux changés en oiseaux et assailliront les autres hommes en leur dérobant la nourriture jusque dans leurs propres mains et sur leurs tables » (Ms. I, 64 r.).

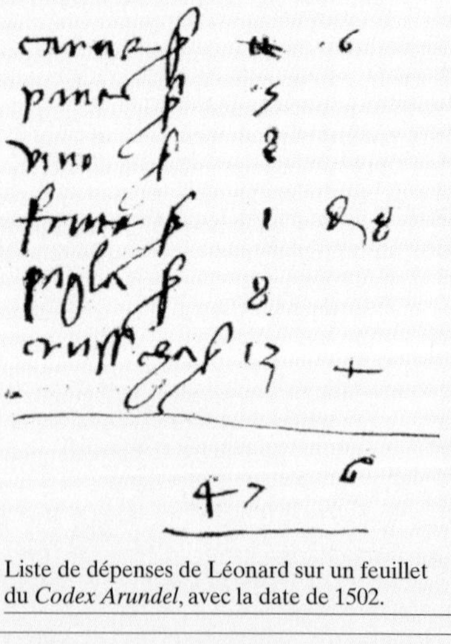

Liste de dépenses de Léonard sur un feuillet du *Codex Arundel*, avec la date de 1502.

« Ô qu'ils sont nombreux ceux qui jamais ne naîtront »

Dans ses *Prophéties*, il s'indigne de la cruauté de l'homme envers les animaux : « Des moutons, vaches, chèvres et autres semblables : à d'innombrables parmi eux, on volera leurs petits, qui auront leur gorge tranchée et seront dépecés de la façon la plus barbare. » Et encore : « Des œufs qui une fois mangés ne peuvent produire de poulets : ô qu'ils sont nombreux ceux qui jamais ne naîtront » (*Codex Atlanticus*, 1033 r.).

Ces imprécations ont contribué à forger la conviction que Léonard était végétarien, corroborée par une lettre d'Andrea Corsali adressée des Indes à Julien de Médicis (publiée en 1516) : « Ils ne se nourrissent pas d'aliments contenant du sang, et même entre eux ils ne permettent que l'on nuise à aucune chose animée, comme notre cher Léonard de Vinci. » Rappelons que Léonard pratique par ailleurs la vivisection et qu'il achète de la viande.

Il applique en outre les mêmes métaphores pour les fruits de la terre : « Noix, olives, glands, châtaignes et autres, beaucoup d'enfants seront arrachés des bras de leur mère, avec des coups impitoyables, et jetés à terre puis mutilés » (*Codex Atlanticus*, 393 r.).

Gastronome avisé ?

En 1480, Léonard dessine plusieurs croquis d'études de l'automatisme du tournebroche et, sur un feuillet du *Codex Atlanticus*, compare deux systèmes : le plus traditionnel où la force de gravité d'un poids fournit l'énergie motrice et un autre où la source d'énergie est le courant ascensionnel de l'air chaud qui met en fonction l'hélice, laquelle à son tour transmet le mouvement à la broche (de plus, en augmentant ou en diminuant le feu on modifie la vitesse de rotation du rôti). En 1506, dans le *Codex Leicester*, il étudie à partir du tournebroche « son » invention de la vapeur (il s'agit, en fait, de l'application d'une méthode déjà pratiquée dans l'Antiquité) : « L'eau soufflée par un petit trou du vase où elle a bouilli s'exhale avec furie et ainsi, entièrement changée en vapeur, elle fait tourner le rôt » (9A, 28 v.).

« Santé » et bien-être

Il « disséquait des corps de criminels dans les écoles de médecine, impassible devant ce travail inhumain et repoussant » (Paul Jove, *Vie de Léonard de Vinci*, Ms., 1523-1527). Mais malgré ses incomparables études anatomiques, Léonard reste très éloigné de la pratique et du langage de la médecine. Ses notes sont émaillées de considérations assez simplistes. « Étant nécessaire aux médecins, tuteurs et gardiens des malades, de comprendre ce qu'est l'homme, ce qu'est la vie et ce qu'est la santé, comment celle-ci peut se maintenir grâce à la parité ou l'harmonie des éléments et pareillement comment leur désaccord provoque sa ruine et sa destruction [...], les remèdes, lorsqu'ils sont bien utilisés, rendent la santé aux malades » (*Codex Atlanticus*, 730 r.).

Au contraire : « Les médecins vivent des malades. Les hommes arriveront à un tel état d'avilissement qu'ils profiteront de leurs souffrances ou de la perte de leur véritable richesse, la santé. »

Dans la « bibliothèque » de Léonard est mentionné un *Traité de conservation de la santé*. Et dans le *Codex Atlanticus*, 213 v., figurent seize vers « médicaux » : « Veux-tu être en santé, suis ce régime :/ ne mange point sans en avoir l'envie et soupe légèrement ;/ mâche bien et que ce que tu accueilles en toi/ soit cuit et simple./ Qui prend médecine se fait du mal./ Garde-toi de la colère et évite l'air alourdi ;/ tiens-toi droit en sortant de table et ne cède pas au sommeil à midi./ Sois sobre pour le vin, prends-en fréquemment en petite quantité/ mais pas en dehors des repas, ni l'estomac vide ;/ ni ne tarde la visite aux lieux d'aisance./ Ne te couche à plat ventre ni la tête basse/ et couvre-toi bien la nuit./ Repose ta tête et tiens-toi l'esprit en joie,/ fuis la luxure et observe la diète. » Il reprend là les idées de la tradition médiévale.

La morale de Léonard est d'une simplicité déconcertante : « De même que la nourriture prise sans appétit est nuisible à la santé, ainsi l'étude sans désir altère la mémoire » (Ms. A1, 114 r.).

Souvent il offre des éléments d'interprétation psychologique : « Le peintre ou le dessinateur doit être solitaire, pour que le bien-être n'altère point la vigueur de l'esprit » (*Codex Ashburnham* II, 27 r.).

L'« Adoration » et la « Cène »

*Dans l'*Adoration des Offices, *des personnages énigmatiques paraissent absorbés, montrent quelque chose du doigt ou regardent hors champs « au-delà du visible ». Dans la* Cène, *la perspective tend à prolonger l'espace physique et mental dans l'espace de l'image. Deux chefs-d'œuvre « infinis » pour deux mises en scène des « concepts de l'âme ».*

Après les premières études pour l'*Adoration des mages*, Léonard renonce aux aspects fabuleux de la narration et. se tournant vers une vision idéologiquement nouvelle, il opte pour des choix stylistiques et de composition sans précédents. Le dessin préliminaire des Offices comporte déjà des éléments de décor que l'on retrouve dans l'œuvre finale – comme les ruines d'une architecture antique, allusion à la relation entre le monde païen et le début de la nouvelle ère.

Par contre, dans la version définitive, Léonard réduit la perspective dominante et les proportions de la grande cabane au centre qui aurait renforcé la symétrie de la composition

Étude préliminaire de composition et de perspective pour l'*Adoration des Mages*.

et la thématique de l'Adoration plutôt que celle de l'Épiphanie. Le dromadaire aussi disparaît… Mais surtout se perd cette géométrie qui, plaçant l'avenir dans une dimension encore plus idéalisée, aurait dû focaliser l'attention sur l'inspiration néoplatonicienne de Léonard, dont il s'apprête alors à s'évader en quittant Florence pour Milan. Les personnages paraissent remonter de la couche préparatoire et se déployer à la surface comme des idées en gestation, créant un flux vital et une rotation frénétique autour des acteurs de l'Épiphanie, dans le devenir de la nature et de l'artifice, de l'humain et du divin. Tous sont bouleversés, en proie à la surprise, la crainte, l'incrédulité, pris dans une turbulence gestuelle et spirituelle. Les lignes de force et les directions visuelles convergent en tourbillonnant vers le centre de l'action où la violence s'apaise sous l'effet de la révélation. La Vierge est le point fixe tandis que Jésus, par une rotation rituellement ordonnée, se penche vers le cadeau du roi mage qui acquiert une signification hermétique de prédestination. Au-delà du premier plan, point de sibylles prophétesses gesticulantes, mais l'artiste, l'architecte qui dessine et ses jeunes aides qui lui font écho, les maçons et les charpentiers qui s'activent à la reconstruction du Temple. Dans le décor d'« antiques » à gauche, un arc est brisé au sommet mais sur les ruines renaissent la nature et la vie laborieuse. Au centre domine un autre symbole d'ascension et de conjonction : les escaliers sur des structures architecturales en perspective fuyante, qui montent jusqu'à la colonne, jusqu'au ciel. À droite, la bataille fait rage. Léonard poursuit ses études du thème de la lutte entre le chevalier et le dragon, comme entre la vertu et l'irrationnel. Dans ce décor qui s'ouvre vers l'horizon, les masses palpitantes sont animées d'une fureur mythique en même temps qu'héroïque ; au pathos se superpose l'idée symbolique de la continuité entre la décadence et la Renaissance. Et parmi les ruines du passé, les arcs, les colonnes et les escaliers de l'Histoire, la nature fait pousser ses racines, reverdir les palmes et s'élever les troncs des arbres comme dans l'allégorie du *broncone* c'est-à-dire de la « branche broussailleuse » des Médicis, à la fois formes qui assurent l'équilibre de la composition et symboles de l'« arbre de vie ».

Histoire et dynamique de la « Cène »

Par la perspective, Léonard prolonge l'espace réel dans la profondeur de celui dont il a créé l'illusion. Par la scansion linéaire de la lumière et des figures il met en scène l'événement dramatique qu'il orchestre en une série d'« histoires », d'attitudes, de gestes, d'expressions.

Le dessin du sol (qui n'est plus guère lisible), les tapisseries tendues sur le mur, le plafond à caissons, le paysage dans le lointain, contribuent à donner l'impression d'une insertion « naturelle » de la perspective dans la grande salle où est peinte la Cène. Sous l'effet de la représentation frontale, la principale source de lumière dans le tableau vient de gauche, comme la lumière naturelle du réfectoire. Les douze apôtres dont les vêtements évoquent la sculpture classique sont disposés sans symétries rigides, mais par groupes de trois : deux courants chargés d'émotions convergent vers le centre où le Christ instituant l'Eucharistie constitue le « moteur » de l'action.

« L'un de vous me trahira » : tout le tableau est mû par la dynamique du verbe, son écho se répercute de visage en visage et sur les mains, en un sublime théâtre de l'image. Magistrale « nature morte », la nappe décorée et la « constellation » d'objets sur la table contribuent, par leurs jeux d'harmonies quasi-musicales à la scansion rythmique de la composition.

L'effet monumental de la *Cène* n'est pas dû seulement à ses vastes dimensions, il s'impose surtout par la relation entre l'espace et la domination de la lumière. Comme si Léonard avait fixé sur la paroi un instantané intemporel et unique.

Malheureusement, l'état de la peinture, achevée en 1498, se révélera très vite précaire. Les expérimentations techniques de Léonard sont traditionnellement considérées comme la cause principale mais l'humidité de la paroi et les vicissitudes du bâtiment ont compromis la conservation de la peinture, exécutée non pas à fresque mais, pour répondre aux exigences d'un processus d'exécution plus lent, avec des couleurs *a tempera*, grasses et à l'huile sur une double préparation à base de matières organiques très fines.

Machineries d'artiste

L'avion, le submersible, l'automobile, le char blindé, l'ascenseur et même la bicyclette… À la lumière des travaux récents des chercheurs, on doit prendre ses distances avec le mythe d'un Léonard surhumain, précurseur presque diabolique, auteur de toutes sortes d'inventions (y compris de celles qui fonctionnaient déjà depuis des siècles). On ne peut cependant nier la création par Léonard d'un nouvel alphabet technologique.

Mgr Sabba da Castiglione, dans ses *Souvenirs* de 1549, dit de Léonard que c'est le « premier inventeur des grandes figures arrachées à l'ombre des lanternes ». Léonard affirme que le char automoteur ou la presse à imprimer sont, avec le métier à tisser mécanique, la plus importante invention de l'homme.

Un ouvrage d'architecture est pour lui un vaste organisme mécanico-hydraulique, son grand rêve de l'automation englobe la ville entière. Comparant inlassablement les conceptions traditionnelles et ses intuitions, tellement en avance sur son temps, il fait évoluer au fil des ans sa méthode : les applications et les technologies se diversifient, il étend l'utilisation des mêmes éléments mécaniques à différents types de machines et de fonctions.

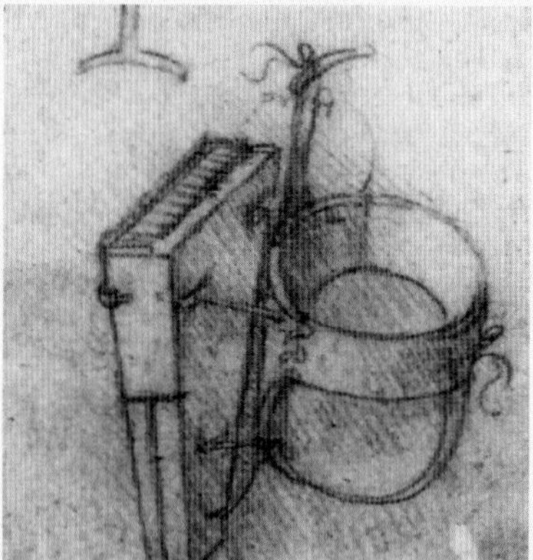

Lyre ou organon, avec les « bretelles » pour porter l'instrument.

Les armes : aérodynamique et vocabulaire

Le regard avec lequel Léonard observe ou imagine les phénomènes qu'il « raconte » dans ses dessins, souvent axonométriques, est absolument unique, tout comme la méthode graphico-analytique par laquelle il rend ces engins de mort vraisemblables et fascinants. Sa créativité libre et spontanée lui permet de les transformer en y insérant des éléments narratifs, fantastiques où des fonctions purement utopiques, de « science-fiction », au fort pouvoir esthétique.

Entre 1480 et 1490 Léonard s'intéresse beaucoup aux armes à feu, de tout genre et de tous niveaux : briquets à mèches ou pierres à feu dotés d'un ressort hélicoïdal qui rappelle les architectures hydrauliques « sans fin », « espingardes à orgues ou à 33 coups » tirés en éventail, à multiples râteliers tournants pour augmenter la rapidité et la quantité des tirs, canons navals et même un mortier pivotant « à caisson » pour produire un grand volume de feu, enfin un *circumfolgore*, c'est-à-dire une plate-forme circulaire et tournante, munie de canons.

Léonard crée pour les armes de l'histoire une série de néologismes hauts en couleurs : *Alcimandre, Alobrot, Arcab, Attanases, Bricola, Carcaflotiles, Clirp, Clot, Frolisto, Imilcrone, Martilatro, Stringula*, etc. Sans oublier l'*Architronc*, le canon à vapeur révolutionnaire, dont il attribue l'invention à Archimède ; il s'extasie sur trois de ses effets les plus spectaculaires : la fumée, la furie, les vibrations. Il vante aussi les effets des balles explosives meurtrières, des projectiles à tête en ogives à ailettes directionnelles, aérodynamiques et ceux de curieux boulets incendiaires, semblables à des feux d'artifice, comme le *Cotombrot*.

Léonard ne compte pas sur une représentation monstrueuse qui impressionne et terrorise, mais plutôt sur l'aérodynamique qui permet de réduire l'impact des projectiles ennemis. Son « char d'assaut » prend une forme qui annonce les soucoupes volantes de la science-fiction.

Le design marin et aérien

Dans la série des catapultes, le bois, les cordes, les articulations entre les éléments, tout participe d'une extraordinaire géométrie, démultipliant les forces et la puissance des engins.

L'œuvre de Vinci est sans égal dans l'histoire de l'illustration scientifique et technologique, non seulement par sa manière d'exposer ses procédés sans démonstrations interminables et ennuyeuses, mais aussi en tant qu'œuvre d'art, création du *designer*. La différence est impressionnante entre les croquis de Léonard sur le vol et les dessins des carnets des ingénieurs siennois, antérieurs de quelques années.

Pourtant, en raison de son poids et plus encore des mécanismes d'atterrissage, son « ornithoptère » aux ailes articulées ne semble pas pouvoir s'élever dans l'air grâce à la seule action de l'homme. Le commentaire du savant Girolamo Cardano sur la tentative de vol de Léonard fut lapidaire : « Vinci tenta et échoua. » Ses planeurs sont nettement plus plausibles : un siècle après les tentatives du peintre symboliste Arnold Böcklin de faire voler une machine léonardesque, l'expérience a récemment réussi, avec pour seule modification un contrepoids à l'avant et grâce à l'emploi de matériaux extrêmement légers.

Les engins navals et sous-marins semblent plus proches de la réalité : ainsi, on rapporte qu'à Milan, dans la dernière période de la vie de Léonard, Cesariano (éditeur de Vitruve) parvint à naviguer en immersion du château des Sforza jusqu'au lac de Côme. Léonard étudie la nage chez l'homme et chez les animaux, dessine des palmes, des systèmes pour respirer en immersion et des bouées pour marcher sur l'eau. Il est également fasciné par les relations entre la mesure du temps et les mouvements des astres, l'harmonie et la mécanique.

Plus curieux encore, dans le Ms B, 20 v., il décrit un « réveille-matin pédestre » : « Ceci est une pendule à l'usage de ceux qui dépensent leur temps avec parcimonie. Voici comment elle fonctionne : quand l'entonnoir a déversé dans le récipient autant d'eau qu'il y en a dans la balance opposée, la balance s'élève et verse son eau dans le premier récipient, celui-ci, dont le poids se trouve doublé, soulève violemment les pieds du dormeur qui s'éveille et se rend à son travail. »

Machineries de théâtre

Des très nombreux dessins aujourd'hui dispersés sur les décors et les machineries pour les fêtes et les spectacles théâtraux, quelques-uns ont été conservés dans le *Codex Arundel*, tels les dispositifs pour l'*Orphée* de Poliziano : grâce aux contrepoids et aux monte-charge une montagne s'ouvre et Pluton surgit des Enfers.

Dans le *Codex Atlanticus*, un automate, l'*Ocel della commedia* (l'oiseau de la comédie) rappelle la *colombina* pour l'explosion du char traditionnel des fêtes de Pâques à Florence. Dans un manuscrit est représenté le Théâtre de Curius, un mécanisme scénique circulaire, décrit par Pline : l'application d'un ingénieux principe de géométrie permet de représenter simultanément deux actions théâtrales différentes.

Alchimie et culture de la terre

Les machines agricoles conçues par Léonard attestent de son évolution technologique (voir p. 18 le pressoir automatique où une seule source d'énergie produit des effets en série) mais aussi de ses recherches constantes de matériaux pour ses « recettes » de peinture. Sur le feuillet 42 v. du Ms F, Léonard décrit ses procédés d'« art chimique » pour fabriquer un support (ou une planche) « souple ». Il concocte cette « matière plastique » avec des mixtures de diverses couleurs, « en retournant les panses de génisses et de bœufs » ou encore en utilisant une « feuille de chou de Milan ou de laitue ». Dans le *Codex Atlanticus* (64 v.), il écrit, à propos de l'« eau royale » (mélange d'acide nitrique et d'acide chlorhydrique) : « Elle dissout le soleil. » Il s'agit en fait du procédé pour séparer l'or de l'argent qui correspond à une observation typique des alchimistes et précède les « recettes » pour « teindre des œuvres en or » qui font penser à la « transmutation » alchimique. Léonard critique âprement les pseudo-sciences et l'occultisme : l'astrologie et la nécromancie, la fallacieuse physiognomonie, la chiromancie et l'alchimie. Cependant il reconnaît que cette dernière est respectable lorsqu'elle s'approche de la chimie : en effet, il s'intéresse à la distillation, il dessine des alambics et décrit la manière de les fabriquer en porcelaine.

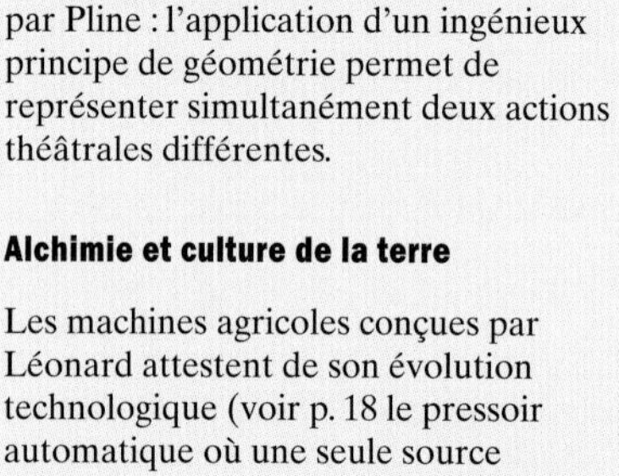

Il dessine trois méthodes principales de réfrigération – « à chapeau », « continue » et « à contre-courant » – et des fours identiques à ceux des alchimistes ; il distille de l'acétone et d'autres solvants essentiels pour la fabrication des couleurs et des vernis du peintre. Enfin Léonard imagine des tasses et des vases incassables, des imitations de verres ou de pierres dures et toutes sortes de procédés comme l'extrusion, la « congélation », la plastification, les placages divers…

La bicyclette de Salaï ou de Napoléon ?

La restauration récente du *Codex Atlanticus* a fait apparaître, au verso d'un feuillet où figurent des dessins « obscènes » le croquis (incomplet, imprécis, presque infantile) d'une bicyclette : est-il de la main de Léonard ? Certainement pas. Est-il de celle d'un garçon de son atelier ? A-t-il été ajouté au temps de Napoléon, quand le *Codex* fut emporté en France, ou à l'occasion d'une restauration récente, comme l'insinuait Ladislao Reti ? Ce type de bicyclette ne fait-il pas songer à la période 1820 ? Pour Augusto Marinoni, l'authenticité ne fait pas de doute : « Ce type de transmission à chaîne aux ouvertures larges, appliqué à une roue de bois à dents cubiques, se trouve uniquement dans un dessin de Léonard du *Codex de Madrid I* (10 r.) récemment découvert… Un élève débutant a copié maladroitement pour s'exercer ce dessin du maître, qui représente la première phase du processus d'invention – extraordinairement prophétique – de la bicyclette »…

Les plaisirs des nombres et les inventions impossibles

Léonard se complaît dans les calculs : tantôt il espère tirer des bénéfices fantastiques de ses inventions mécaniques et de ses projets fluviaux, tantôt il spécule sur le nombre « infini » de côtés des polygones pour résoudre la quadrature du cercle ou multiplie par des centaines de milliers de millions les poids qu'il compte déplacer aisément avec ses machines aux apparences presque logiques. Il met au point des systèmes pour mesurer les distances sur la terre et sur la mer. Il estime, avec une bonne approximation, que le diamètre de la terre est d'environ 12500 km, mais il calcule qu'en Méditerranée il n'y a pas moins de 40200 ports. Avant sa rencontre avec Pacioli, Léonard a des difficultés avec l'arithmétique simple : dans le *Codex Atlanticus* il écrit que « les nombres impairs n'ont pas de racine carrée ». Pourtant, dans une note visionnaire du 30 novembre 1504, il exulte : « La nuit de la saint-André alors que s'achevaient la chandelle, la nuit et le papier sur lequel j'écrivais, j'ai résolu en moins d'une heure le problème de la quadrature du cercle. »

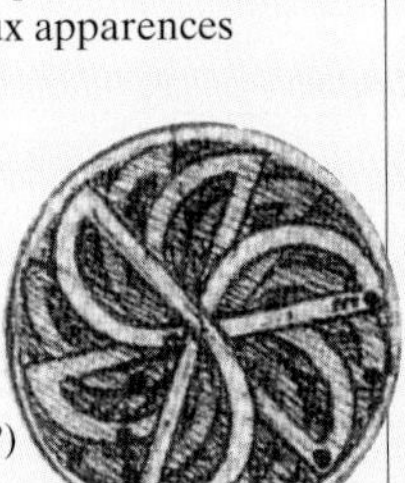

Étude de mouvement perpétuel (ci-contre) ; page de gauche, un croquis de bicyclette (de Léonard lui-même ?) récemment retrouvé dans le *Codex Atlanticus*.

Téléphones et longues-vues

Léonard dessine une chaîne d'« interphones » pour la transmission rapide des nouvelles « dans cent mille cent maisons, dans lesquelles se tiendront cent gardes qui répercuteront la nouvelle à travers les souterrains et la feront connaître en trois quarts d'heure. » (Ms B, 23 r.). Dans une prophétie du *Codex Atlanticus* il évoque le jour où « les hommes des contrées les plus lointaines se parleront et se répondront ». Toutefois, compte tenu de l'époque, il ne s'agit pas de l'invention du téléphone mais simplement de « s'écrire des lettres » (1033 v.).

Léonard le visionnaire est avant tout cet observateur émerveillé qui recommande : « Pour voir la nature des planètes, ouvre le toit » et « fais-toi des lunettes pour voir la lune grande », puis « prends une feuille de papier, et fais-y des trous avec une aiguille et à travers ces trous regarde le soleil » (*Codex Trivulziano*, 12 r.) et conclut : « Le soleil est immobile. »

« Léonardismes et jocondolâtrie »

Le léonardisme atteint son apogée au XIXe siècle et son écho parcourt les avant-gardes artistiques du XXe siècle. Léonard est partout, dans la littérature, au cinéma, au théâtre, dans la musique et aujourd'hui dans les divers supports multimédias. En un crescendo irrépressible, l'art de Léonard a été submergé par la frénésie de diffusion des images par les médias.

La Joconde

Le mythe de la *Joconde* commence dès 1550 avec la description minutieuse mais fantaisiste de Vasari qui insiste sur des détails inexistants comme les cils. En 1625, Cassiano del Pozzo, l'ayant vue au château de Fontainebleau déclare : « Il ne lui manque que la parole. » En 1800, Monna Lisa est placée dans la chambre de Bonaparte. Exposée au Louvre à partir de 1804, la voilà tour à tour vampire, chimère, sphinx, fausse perverse, objet d'amour… madone laïque ou grande prostituée, femme fatale, symbole androgyne, incarnation de l'imagination des Anciens et de l'idée moderne, image d'un sourire.

Emblème kaléidoscopique pour l'exposition « Léonardismes et jocondolâtrie ».

Sade y voit l'« essence même de la féminité » tandis que pour la littérature romantique et décadente (Oscar Wilde, Walter Pater, Joséphin Péladan, George Sand, Jean Lorrain, Jules Laforgue), elle est, tel un ange hermaphrodite, un simulacre ineffable et ambigu.

Le 21 août 1911, la *Joconde* est volée au Louvre par un Italien, Vincenzo Peruggia. Elle sera récupérée à Florence deux ans plus tard. Picasso est suspecté, et Apollinaire injustement accusé du vol, tandis que d'Annunzio tente en vain de se faire passer pour l'inspirateur du méfait. L'affaire la rend encore plus célèbre, mirage sublime ou odieux (pour Roberto Longhi, ce n'est qu'un « fade quignon de pain ») et cible d'une iconoclastie effrénée.

La Seconde Guerre mondiale la ramène à Amboise pour un bref exil de sécurité. En 1952 sont exposées cinquante-deux versions de la *Joconde*, dont certaines aspirent à être reconnues comme autographes. En 1956, elle est victime d'une agression puis en 1963 elle fait un voyage triomphal aux États-Unis, puis au Japon et en URSS en 1974.

On croit déceler sur Monna Lisa des signes de grossesse ou de maladie. Tour à tour sirène, maîtresse de François Ier ou reine de l'Atlandide, de nouvelles identités lui sont sans cesse attribuées. Les historiens d'art la comparent à l'ange de Reims, à une mosaïque romaine au Moyen-Orient ou un roi khmer au Cambodge. Son regard légendaire semble provoquer le syndrome de Monna Lisa : le spectateur est capturé par son sourire, de plus en plus énigmatique, indéfinissable, le tableau entier devient alors le paradigme du miroir mystérieux.

En 1914, Malévitch, qui n'est pas encore le peintre du suprématisme, biffe la Joconde de deux croix. Peu après, le dadaïste Marcel Duchamp lui met des moustaches et l'affuble de l'irrespectueux LHOOQ (« Elle a chaud au cul »).

En 1965 la galerie Fels à Paris organise la « Fête à la Joconde » avec la participation d'artistes comme Bay, Bury, Del Pezzo, Errò, Filliou, Gnoli, Klasen, Rotella, « sous le Haut patronage de sa transcendance G. M. & G. G. Marcel Duchamp, Jocondologue » qui signe même l'effigie de la célèbre dame reproduite au verso d'un jeu de cartes.

Léonard « futuriste »

Les futuristes italiens, dont les théories sur le photodynamisme et l'aéropeinture s'inspirent de Léonard, en sont proches surtout par leur enthousiasme pour la machine et leur utopie technologique et architecturale. Mais ils détestent la *Joconde*. Carrà la qualifie de « fétide » et Ardengo Soffici fustige la « grosse tête bêtasse de Monna Lisa », ne lui trouvant d'autres vertus que purgatives. Pourtant Ungaretti suggérera : « Peut-être a-t-il manqué au futurisme un homme, un Léonard qui, n'ignorant rien de la science et de l'art de son temps, aurait été capable de mener l'art sur la route où voyage la science. Le caractère magique de l'art a totalement échappé [au futurisme] » (*Commémoration du futurisme*, 1927).

Au théâtre et en chanson

Jules Verne, romancier « léonardesque », écrit en 1874 une comédie appelée *Monna Lisa*. Un « léonardiste idolâtre » comme d'Annunzio écrit une *Vierge au rocher*, une *Léda et le Cygne*, et surtout le scénario d'un film, *L'Homme qui vola la Joconde*.

Bob Dylan, Nat King Cole et Elton John ont chanté Léonard. De grands metteurs en scène comme Eisenstein, Tarkovsky, Dali et Buñuel ont introduit le mythe de Léonard dans une dimension à sa mesure : celle du cinématographe.

Art, sociologie, sémiologie

Léonard inspire les symbolistes, les préraphaélites, les impressionnistes, les cubistes, les surréalistes… jusqu'au Pop Art, au Conceptual Art, Fluxus et au grafitisme. Son mythe semble hanter l'art contemporain, suscitant les études les plus singulières telle le « Traité de Jocondoclastie » que Jean Margat publie en 1959 dans *Bizarre* et le *Jeux Joconde* de Jean Suyeux en 1969. Sans citer les innombrables études et monographies, on peut rappeler les grandes expositions sur le thème de la *Joconde* ; celle de Tokyo et Paris en 1971, présentée par Man Ray, celle de Duisburg en 1978, « Art about Art » au Whitney Museum en 1978 également et, en 1993, au Louvre, « Copier Créer » avec une section « Autour de la Joconde ».

Depuis 1972, l'*Archivio dei Leonardismi* (qui, depuis 1993, fait partie du Museo Ideale de Vinci) réunit toute la documentation sur ces exploitations diverses de l'œuvre de Léonard.

BIBLIOGRAPHIE SOMMAIRE

Bibliographies :

- *Bibliografia Vinciana*, sous la direction d'Ettore Verga, Milan, 1931.
- *Bibliotheca Leonardiana 1483-1989*, Mauro Guerrini, Milan, Editrice Bibliografica, 1990.
- *Raccolta Vinciana* (32 numéros publiés de 1905 à 2007), sous la direction d'Ettore Verga, et actuellement sous celle d'Augusto Marinoni.
- Achademia Leonardi Vinci. *Journal of Leonardo Studies and Bibliography of Vincina*, 8 vol. sous la direction de Carlo Pedretti, Florence, Giunti, 1988-1995.
- *Carlo Pedrett. A Bibliography of his Work on Leonardo Da Vinci and the Renaissance*, Pellerano Ludmer, J. (sous la direction de), Los Angeles, University of California, 1984.

Écrits de Léonard de Vinci :

- *Les Carnets de Léonard de Vinci*, introd., classement et notes E. Mac Curdy, préface P. Valéry, Paris, Gallimard, 1942.
- *Traité de la peinture*, textes traduits et présentés par A. Chastel, Paris, Berger-Levrault, 1987.
- *Manuscrit sur le vol des oiseaux*, éd. A. Marinoni, trad. S. Bramly, préf. André Chastel, Paris, Les Incunables, 1989.
- *The Litterary Works of Leonardo da Vinci*, A Commentary to J. P. Richter's Edition by C. Pedretti, Los Angeles University of California Press, 1977.

Catalogues d'expositions :

- *Le Codex Hammer de Léonard de Vinci*, Jane Roberts (sous la direction de), introd. C. Pedretti, catalogue de l'exposition, Paris, 1982.
- *Laboratorio su Leonardo*, Milan, IBM, 1983.
- *Leonardo : il Codice Hammer e la Mappa di Imola presentati da Carlo Pedretti*, catalogue de l'exposition de Bologne, Florence, Giunti Barbera, 1985.
- *Léonard de Vinci ingénieur et architecte*, Paolo Galuzzi et Jean Guillaume (sous la direction de), introd. de C. Pedretti, catalogue de l'exposition, musée des Beaux-Arts de Montréal, 1987.
- *Leonardo da Vinci*, catalogue de l'exposition de Londres, sous la direction de M. Kemp et J. Roberts, Yale University Press, 1989.
- *Leonardo artista delle macchine e cartografo*, catalogue de l'exposition d'Imola, R. Campioni, présentation C. Pedretti, Florence, Giunti, 1994.
- *Les Ingénieurs de la Renaissance de Brunelleschi à Léonard de Vinci*, catalogue de l'exposition, sous la direction de P. Galuzzi, Florence, Giunti, 1995 et Cité des sciences et de l'industrie pour la traduction française, Paris, 1995.
- *Leonardo da Vinci. Della Natura, peso e motto delle acque. Il Codice Leicester*, catalogue de l'exposition de Venise, Milan et Rome, présentation de F. Zeri, Milan, Electa, 1995.

Études et monographies :

- *Leonardo Saggi e ricerche*, congrès du 500e anniversaire de la naissance de Léonard, Rome, Istituto poligrafico di Stato, 1954.
- *Leonardo e Milano*, anthologie, G. A. Dell'Acqua (sous la direction de), Milan, Banca popolare di Milano, 1982.
- Alberti de Mazzeri, S., *Léonard de Vinci*, Paris, Payot, 1984.
- Baktin, L. M., *Leonardo da Vinci*, Rome-Bari, Laterza, 1988.
- Baldini, U., *Un Leonardo inedito*, présentation de A. Paolucci et A. M. Petrioli Tofani, Florence, Università Internazionale dell' Arte, 1992.
- Béguin, S., *Léonard de Vinci*, Paris, Louvre-RMN, 1988.
- Beltrami, L. (sous la direction de), *Documenti e memorie riguardanti la vita e le opere di Leonardo da Vinci*, Milan, Trèves, 1919.
- Berdini, F., *La Gioconda chi è ?* présentation de F. Cardini, Rome, Tomo edizioni, 1989.
- Bora, G. (sous la direction de), *Disegni e dipinti leonardeschi delle collezioni milanesi*, Milan, Electa, 1987.
- Bramly, Serge, *Léonard de Vinci*, Paris, J.-C. Lattès, 1988.
- Brion, M., *Léonard de Vinci*, Paris, Albin Michel, 1952.
- Caroli, F., *Storia della fisiognamica. Arte e psicologia da Leonardo a Freud*, Milan, Mondadori, 1995.
- Chastel, A., *Art et humanisme à Florence au temps de Laurent le Magnifique*, Paris, PUF, 1952.
- Chastel, A., *L'Illustre Incomprise*, Paris, Gallimard, 1988.
- Cianchi, M., *Les Machines de Léonard*, introduction de C. Pedretti, iconographie de A. Vezzosi, Florence, Becocci, 1982.
- Clark, K., *A catalogue of the Drawings of Leonardo da Vinci in the Collection of Her Majesty The Queen at Windsor Castle*, Cambridge, 1935, 2e éd. avec la collaboration de C. Pedretti, Londres 1968.
- Cogliati Arano, L., Marinoni, A. (sous la direction de), *Leonardo all'Ambrosiana*, Milan, Electa, 1982.

- De Micheli, M., *Leonardo, l'uomo e la natura*, Milan, Feltrinelli, 1952.
- Eissler, K. R., *Léonard de Vinci, Étude psychanalytique*, Paris, PUF, 1980.
- Fiorio, M. T., Marani, P. C. (sous la direction de), *Leonardeschi a Milano. Fortuna e collezionismo*, Milan, Electa, 1991.
- Firpo, L., *Leonardo architetto e urbanista*, Turin, Utet, 1971.
- Freud, S., *Un souvenir d'enfance de Léonard de Vinci*, Paris, Gallimard, 1987.
- Garin, E., *Scienza e vitale civile del Rinascimento*, Bari, Laterza, 1980.
- Gille, B. *Léonard et les ingénieurs de la Renaissance*, Paris, 1964.
- Gombrich, E. H., *Apelle's Heredity*, Oxford, 1976.
- Gould, C., *The Artist and the Non-Artist*, Boston, N. J. G. S., 1975.
- Guillerm, J. P., *Tombeau de Léonard de Vinci, le peintre et ses tableaux dans l'écriture symboliste et décadente*, Lille, Presses universitaires, 1981.
- Heydenreich, L. H., *Invito a Leonardo, l'Ultima Cena*, préface de C. Bertelli, Milan, Rusconi, 1982.
- Kemp, Martin, *Léonardo da Vinci. Le mirabili operazioni della natura e dell'uomo*, Milan, Aenoldo Mondadori, 1982 (Londres, 1981).
- Gérard Maïdani, J. P., *Léonard de Vinci. Mythologie ou théologie ?* Paris, PUF, 1994.
- Marani, P. C., *Leonardo*, Milan, Electa, 1995 ; *Léonard de Vinci*, trad. française Françoise Lifran, Gallimard/Electa, 1996.
- Marani P. C. et A. Vezzosi (sous la direction de) *Leonardo. La pittura*, textes de : Argan, Berti, Marchini, Brown, Alpatov, Kustodieva, Heydenreich, De Campos, Becherucci, Gould, Brizio, Rosci, Russoli, Repinska, Arasse, Pedretti, Huyghe, Clark, Rudel, Meller, Calvesi, et Fabian ; Florence, Giunti, 1977 et 1985.
- Migliore S., *Tra Hermes e Prometeo. Il mito di Leonardo nel Decadentismo europeo*, introd. de C. Pedretti, Florence, Olsckhi, 1994.
- Ottino dalla Chiesa, A. (sous la direction de), *L'opera completa di Leonardo pittore*, présentation de M. Pomilio, Milan, Rizzoli, 1967.
- Pedretti, C., *Leonardo Architetto*, Milan, Electa, 1978.
- Pedretti, C., *The Codex Atlanticus of Leonardo da Vinci. A Catalogue of Its Newly Restored Sheets*, New York, 1979.
- Popham, A. E., *The Drawings of Leonardo da Vinci*, Londres, 1946, Paris.
- Reti, L. (sous la direction de), *Leonardo*, Mondadori, Milan, 1974.
- Richard Turner, A., *Inventing Leonardo*, Berkeley-Los Angeles, University of California Press, 1993.
- Solmi E., *Scritti vinciani. Le fonti dei Manoscritti di Leonardo da Vinci e altri studi*, présentation d'E. Garin, Florence, La Nuova Italia, 1976.
- Valéry, P., *Écrits sur Léonard*, in *Œuvres*, Paris, La Pléiade, Gallimard, 1957.
- Yourcenar, M., *Le Temps ce grand sculpteur*, Paris, Gallimard, 1983, rééd. 1991.
- *Bulletin de l'Association Léonard de Vinci*, Amboise (Jean Guillaume, « Léonard de Vinci et l'architecture française », n° 14, décembre 1975).

Parmi les ouvrages d'Alessandro Vezzosi :
- *Leonardo's Return to Vinci : The Countess de Béhague Collection*, introd. C. Pedretti, catalogue de l'exposition de Berkeley, itinérante aux États-Unis, Vinci, 1980, New York, Johnson Reprint, 1981.
- *Leonardo dopo Milano*, introd. C. Pedretti, texte de G. Dalli Regoli et P. Galluzzi, Florence, Giunti, 1982.
- *Leonardo e il Leonardismo a Napoli e a Roma*, introd. C. Pedretti et contributions de divers auteurs, catalogue de l'exposition, Florence, Giunti, 1983.
- *Codicie marchingegni 1482-1513*, Vinci 1993.
- *La Toscana di Leonardo*, Florence, Becocci, 1984.
- *Leonardo. Art Utopia and Science*, introd. C. Pedretti, catalogue de l'exposition de Toronto, Florence, Giunti, 1987.
- *Leonardo scomparso e ritrovato*, introd. C. Pedretti, catalogue de l'exposition. Interventions de M. Calvesi, L. Firpo, A. Marinoni, C. Pedretti, Florence, Giunti, 1988.
- *Attualità di Leonardo*, introd. C. Pedretti, catalogue de l'exposition de Rome, Florence, Giunti, 1989.
- *Vinci e Leonardo. Il sigillo dei Vinci*, Strumenti-Memoria, Vinci, 1989.
- *Leonardo da Vinci, Aktualitàs és mitosz*, Museo Ideale, Vinci-Florence, 1991. Catalogue de l'exposition de Budapest.
- *Arte e cultura della terra, Il vino di Leonardo*, Florence, Morgana, 1992.
- *Le trame del genio*, Prato, Texma, 1995.
- *I Vinci nelle Vite del Vasari*, Vinci, MILDV, 1996.

Un Cd-rom :
Leonardo. La pittura digitale, Florence, Acta, 1988.

TABLE DES ILLUSTRATIONS

CHAPITRE 3

52-53h L. V., apocryphe, lettre de présentation à Ludovic le More, vers 1482. Cod. Atl., 1082 r.
52-53b L. V., Char à faux, vers 1483-1487, Londres, British Museum.
53 *Portrait de Ludovic le More*, détail de la Pala Sforzesca du maître dit « de la pala Sforzesca », 1494. Milan, Pinacothèque de Brera.
54h L. V., Dessin d'une lyre, vers 1506-1508 ?, f° C (ajouté *in* Ms B1, Ash. 2037).
54mb L. V., rébus, vers 1488. Windsor RL 12692.
55g L. V., *La Vierge aux rochers*, huile sur bois (transférée sur toile en 1806), 199 x 122 cm, 1483-1486. Paris, Louvre.
55d L. V. (et atelier) *La Vierge aux rochers*, huile sur toile, 189 x 120 cm, vers 1493-1508. Londres, National Gallery.
56h L. V., *Visage de femme*, vers 1483. Turin, Biblioteca Reale.
56b L. V., *La Vierge aux rochers* détail : broche. Paris, Louvre.
57 L. V., *La Vierge aux rochers*, détail : ange. Paris, Louvre.
58m Atelier de L. V. (composition et participation de Léonard ?), *Madonna Litta*, huile sur bois, 42 x 33 cm, après 1485. Saint-Pétersbourg, Ermitage.
58b L. V. (et collab. ?), *Le Musicien*, huile sur bois, 43 x 31 cm, vers 1487. Milan, Pinacoteca Ambrosiana.
58-59 L. V., *Le Vieillard et le jeune homme*, vers 1490-1495. Florence, Offices, Cabinet des dessins.
59 L. V., *La Dame à l'hermine*, huile sur bois, 54,8 x 40 cm, vers 1489-1490. Cracovie Czartoryski Muzeum.
60 L. V., Caricature et listes de mots, vers 1487-1490. Cod. Trivulziano, 30 r.
60-61 L. V., « Corps » du disciple de l'expérience, vers 1490. Cod. Atl., 520 r.
61 L. V., Parachute pyramidal de 12 brasses, vers 1485. Cod. Atl., 1058 v.
62h L. V., Vis sans fin, vers 1487. Ms B, 83 v, Institut de France.
62b L. V., Machine volante, vers 1494-1498, Ms I de Madrid, 64 r.
62d L. V., Système de respiration pour scaphandrier, vers 1490, Cod. Arundel, 24 v.
63 L. V., Quadruple arbalète géante actionnée par vingt hommes, vers 1484-1488. Cod. Atl., 1070 r.
64h L. V., Allégorie de *Phyllis chevauchant Aristote*, vers 1481 (1485). Hambourg, Kunsthalle, n° 21847.
64b L. V., Allégorie *Le Soleil et le Miroir*, avec animaux fantastiques, vers 1485-1490. Paris, Louvre, Cabinet des dessins.
65h L. V., Détail d'un feuillet avec études de figures, vers 1488-1492. Windsor RL 12283 r.
65b L. V., Allégorie de *L'Envie*, vers 1485. Oxford, Christ Church College.
66h L. V., Étude pour la lanterne du Dôme de Milan, vers 1487. Cod. Atl., 850 r.
66b L. V., Section d'un crâne, vers 1489. Windsor RL 19058.
67h L. V., Étude des proportions selon Vitruve, vers 1490. Venise, Galleria dell' Accademia.
67b L. V., Intérieur d'une église, abside, vers 1488. Windsor RL 12609 v.
68h L. V., Études d'urbanisme (Plan Pilote) pour Milan, vers 1493. Cod. Atl., 184 v.
68m L. V., Escalier à double rampe, vers 1487. Ms B, 15 v, Institut de France.
68b L. V., Temple avec 12 absides, vers 1487-1489. Ms B, 56 v, Institut de France.
69 L. V., Études d'architecture, vers 1487-1490. Ms B, 12 r, Institut de France.
70hg L. V., Études anatomiques, vers 1488, Windsor RL 12613 v.
70hd L. V., Tête grotesque, après 1490 (1508 ?). Coll. part.
70b L. V., Étude pour la scénographie de *Danae*, 1496. New York, Metropolitan Museum.
71 L. V., *Homme grotesque*, détail, 1491 (ou vers 1508, comme le verso). Windsor RL 12585 r.
72h L. V., Étude pour la fonte du Monument Sforza, vers 1493. Ms II de Madrid, 157 r.
72b L. V., Étude pour le Monument Sforza, vers 1485-1490. Windsor RL 12358 r.
73 L. V., Ressort d'horloge, vers 1494-1496. Ms I de Madrid, 45 r.
74h L. V., Mécanisme d'horloge, vers 1494-1496. Ms I de Madrid, 14 r.
74b L. V., Rébus « Fal con Tempo », vers 1495-1497, Cod. Forster II, 63 r. (détail).
75 L. V., Études pour un métier à filer à mouvement continu, vers 1495. Cod. Atl., 1090 v.
76 L. V., *La Belle Ferronnière*, vers 1495, huile sur bois, 63 x 45 cm. Paris, Louvre.
76-77 L. V., *La Cène*, 1495-1498, tempera et huile sur enduit avec préparation à base de matières organiques, 460 x 880 cm. Milan Santa Maria delle Grazie.
78h L. V., *La Cène*, Jésus instituant l'Eucharistie, les apôtres Thomas et Jacques le Majeur, la nature morte sur la table.
78b L. V., *La Cène*, Judas, Pierre et Jean.
79 L. V., *La Cène*, Taddée et Simon, la nature morte sur la nappe brodée.
80 Relevé d'un détail de la Sala delle Asse. Milan, Château des Sforza.
80b L. V., détail d'un

CHAPITRE 4

Coll. du duc de Devonshire.
103 Atelier de L. V., *Léda et le cygne* (dite *Léda Spiridon*, acquise par Goëring pour Hitler, récupérée par R. Siviero), huile sur bois, 130 x 78 cm. Florence, Offices.

CHAPITRE 5

104 L. V., *Autoportrait*, vers 1515, Turin, Biblioteca Reale.
105 L. V., *Pointing Lady*, vers 1516. Windsor RL 12581.
106 L. V., Soleil, terre, lune, vers 1506-1508. Cod. Leicester, 1 A-1 r.
107 L. V., L'œil et les rayons de lumière, vers 1508-1509, Ms D, 1 v.
106-107 L. V., Expérimentation avec un œil en verre reproduisant l'œil humain, vers 1508-1509, MS D, 3 v. (dessin dans la marge présenté ici à l'horizontale).
108h L. V., Étude de l'équilibre, vers 1506-1508. Cod. Leicester, 8 A-8 r.
108b L. V., Projet de lanterne avec effets spéciaux, vers 1507 (?), Cod. Arundel, 283 v.
109 L. V., *L'Échevelée*, terre d'ombre, terre verdie et blanc de céruse sur bois, 24,7 x 21 cm, vers 1506-1508 (?). Parme, Pinacoteca Nazionale.
109h Atelier de L. V. (sur une composition du maître), *Jésus et saint Jean Baptiste enfants*, huile sur bois, 43 x 51 cm, peinture inédite en restauration. Coll. part.
109b Atelier de Léonard (cf. dessins autographes de Windsor RL 12524, 12525), *Salvator Mundi*, huile sur bois, 68,3 x 48,6 cm après 1510. Coll part.
110hg et **bg** Atelier de L. V. (L. V. et élèves, avec modifications postérieures), *Bacchus-Saint Jean*, tempera et huile, sur bois transféré sur toile, 177 x 115 cm, après 1510 avec interventions au XVIIe siècle. Paris, Louvre.
110-111 L. V., *Saint Jean Baptiste*, huile sur bois, 69 x 57 cm, après 1510 (1514 ?). Paris, Louvre.
111h *Salvator Mundi*, détail, huile sur bois, 68,3 x 48,6 cm, après 1510. Coll part.
111b L. V., redessiné par un élève, Étude pour l'ange (viril) de *L'Annonciation*, vers 1513 (cf. dessin de Windsor, 1504, et peinture de Bâle). Coll. part.
112bg L. V., Étude pour le monument équestre, vers 1508-1510. Windsor RL 12360.
112hd L. V., Étude pour le monument à Trivulzio, vers 1508-1510. Windsor RL 12355 r.
112bd Attribué à L. V., *Cavalier*, bronze patiné en vert sur des traces de laque noire d'après une cire de Léonard (?) H. : 24,3 cm, Budapest Szépmüvészeti Múzeum.
113 L. V., Études d'anatomie comparée (homme et cheval), vers 1508. Windsor RL 12625.
114 L. V., Le bac entre Vaprio d'Adda et Canonica, vers 1513. Windsor RL 12400.
114-115 L. V., Ouragan apocalyptique, vers 1514-1517. Windsor RL 12376.
115 L. V., Allégorie du Mensonge et de la Vérité sur un feuillet d'études de géométrie, (1508-)1513. Windsor RL 12700 v.
116h L. V., Anneau à 256 faces, vers 1513. Cod. Atl., 710 r.
116b L. V., Jeux de géométrie sur le feuillet où figure sa note sur les médecins (ou les Médicis ?), vers 1516. Cod. Atl., 429 r.
116-117 L. V., Machine à tresser les cordages, vers 1513(-1515). Cod. Atl., 13 r.
117 L. V., Tréfileuse à turbines pour barres métalliques, vers 1515. Cod. Atl., 10 r.
118 L. V., Saint Georges et le dragon, vers 1515-1517. Windsor RL 12331 r.
118-119 L. V. (noms de lieux écrits par Melzi), Étude pour la bonification des Marais Pontins, 1514-1515. Windsor RL 12684 r.
119 L. V., *Monstre félin*, détail du f° 12367 de Windsor, vers 1515.
120 Telemaco Signorini, le manoir de Cloux, gravure pour les *Ricerche* de Gustavo Uzielli, vers 1885.
120-121 Atelier de L. V. (Solario ou Melzi ?), Le château d'Amboise vu de Cloux, vers 1508 ou 1517. Windsor RL 12727.
121 Cercle de L. V. en France (attribué, entre autres, à Jean Clouet), *François Ier en saint Jean Baptiste*, à l'âge de 24 ans.
122 L. V., Jeune homme en costume, vers 1516. Windsor RL 12575.
123h L. V., Études pour le palais royal de Romorantin, vers 1517. Cod. Atl. 209 r.
123b L. V., Étude pour la « ville nouvelle » de Romorantin, vers 1517. Cod Arundel, 269 r.
124h Atelier de L. V., *Joconde nue* (Monna Vanna ?), après 1510. Saint-Pétersbourg, Ermitage.
124m L. V., *La Joconde*, détail du pont. Paris, Louvre.
124 Paysage de la région d'Arezzo avec le pont de Buriano.
125 L. V., *La Joconde (ou Dame au balcon)*, huile sur toile, 77 x 53 cm, vers 1502 et 1513. Paris, Louvre.
125 Raphaël d'après une *Dame au balcon* de L. V., vers 1505. Paris, Louvre, Cabinet des dessins.
126h L. V., Étude pour le drapé de la Vierge dans la *Sainte Anne* du Louvre, vers 1516-1517. Paris, Louvre, Cabinet des dessins.
126b L. V., *Sainte Anne, La Vierge et l'Enfant avec l'agneau*, huile sur bois, 168 x 112 cm,

TÉMOIGNAGES ET DOCUMENTS

INDEX

A

B

C

D

E

F

G - H

I - J

CRÉDITS PHOTOGRAPHIQUES

Archiv für Kunst und Geschichte, Berlin 12. Aurelio Amendola 21. DR (dont A. Vezzosi et le Museo Ideale Leonardo Da Vinci, Vinci) 1, 6/7, 8/9, 11, 13, 14h, 14b, 14/15, 16, 16/17h, 18h, 18b, 18/19, 19, 20h, 20/21, 22g, 22/23, 25, 27g, 28, 28/29, 31d, 32, 32d, 33m, 34, 36h, 36bg, 37g, 38bd, 39h, 39b, 40m, 41h, 42hd, 43h, 44g, 45, 46h, 46b, 47h, 47b, 47, 51, 52/53, 53, 54h, 54m, 54b, 55d, 58m, 58b, 59, 60, 60/61, 61, 62, 63, 64h, 65, 66, 67b, 68h, 68m, 68b, 69, 70hg, 70hd, 70b, 71, 72h, 72b, 73, 74h, 74b, 75, 80, 81, 80/81, 82, 83, 85, 86/87, 87, 88, 89, 90, 90/91, 91, 92, 92/93, 94, 94/95, 95, 96, 96/97, 97, 98, 99, 101, 102, 103, 104, 105, 106, 107, 106/107, 108, 109, 111, 112h, 112hd, 113, 114, 114/115, 115, 116h, 116b, 116/117, 117, 118, 118/119, 119, 120, 120/121, 121, 122, 123h, 123b, 124, 126h, 126b, 128, 129, 130, 134, 137, 138, 140, 142, 144, 146, 147, 148. École nationale supérieure des Beaux-Arts, Paris 49h. Electa 79. Galleria Mathias Hans 109. Kunsthal, Rotterdam 30, 111b. C. Maffucci-C. Starnazzi 124h. Paolo Tosi 20b, 22d. Réunion des Musées nationaux, Paris 1er plat de couverture, 2e plat de couverture, 2/3, 31g, 40, 43b, 50, 55g, 56b, 57, 64b, 76, 84, 100/101, 110, 110/111, 124m. Roger-Viollet, Paris 127. Scala, Florence Dos, 4/5, 16/17b, 24, 26, 26/27, 27d, 34/35, 36bd, 37d, 38g, 38bg, 40, 41b, 42hg, 44, 48, 49b, 56h, 58/59, 67h, 76/77, 78, 125. Superintendance BAS, Florence 33b.

REMERCIEMENTS

Alessandro Vezzosi et Découvertes Gallimard tiennent à remercier tout particulièrement Agnese Sabato, présidente de l'Association internationale Leonardo Da Vinci (Museo Ideale, Vinci), pour son étroite collaboration dans la conception de cet ouvrage, ainsi que Michel Pierre, directeur de l'Institut français de Florence, pour ses conseils avisés.

ÉDITION ET FABRICATION

DÉCOUVERTES GALLIMARD
COLLECTION CONÇUE PAR Pierre Marchand.
DIRECTION Elisabeth de Farcy.
COORDINATION ÉDITORIALE Anne Lemaire.
GRAPHISME Alain Gouessant.
COORDINATION ICONOGRAPHIQUE Isabelle de Latour.
SUIVI DE PRODUCTION Perrine Auclair.
SUIVI DE PARTENARIAT Madeleine Giai-Levra.
RESPONSABLE COMMUNICATION ET PRESSE Valérie Tolstoï.
PRESSE David Ducreux.

LÉONARD DE VINCI, ART ET SCIENCE DE L'UNIVERS
ÉDITION ORIGINALE Martine Buyschaert et Frédéric Morvan.
ICONOGRAPHIE Alessandro Vezzosi et Frédéric Morvan.
MAQUETTE Valentina Leporé.
LECTURE-CORRECTION François Boisivon et Jocelyne Moussart.

Alessandro Vezzosi, critique d'art, est auteur de divers ouvrages, articles, communications et catalogues et a coordonné de nombreuses expositions. Il a enseigné à l'Università del Progetto à Reggio Emilia. Expert de Léonard, il lui a consacré des dizaines d'expositions et de publications en Italie, au Canada, au Japon... et diverses éditions multimédias. Originaire de Vinci, il y a fondé en 1993 le Museo Ideale Leonardo Da Vinci, qu'il dirige actuellement avec Agnese Sabato.

1er dépôt légal : septembre 1996
Dépôt légal : avril 2010
Numéro d'édition : 154169
ISBN : 978-2-07-034880-0
Imprimé en Espagne par Grafos